実践！ 50歳からの ライフシフト術

LIFE
SHIFT
葛藤・挫折・不安を
乗り越えた
22人

大野誠一・豊田義博・河野純子＋
ライフシフト・ジャパン 著

NHK出版

はじめに　50歳は「人生の正午」

「人生の正午」という言葉を、見聞きしたことはありますか？　心理学者であるユングが残した有名な言葉です。

ユングは、人の人生を、日の出から日の入りまでの時間にたとえました。また、その時間を、少年、成人前期、中年、老人という4つのステージに分け、ステージとステージの間には、転換期という「危機」があると指摘しました。少年から成人になるには、あるいは、中年から老人になるには、それまでのものの考え方や行動を大きく変える必要がある、しかし、人は簡単にはそのように変化することはできない、と指摘したのです。そして、人生の午前と午後の境目である中年への転換期、つまり「人生の正午」こそが、人生最大の危機であると考えたのです。ユングは、その年齢を40歳前後と定めていました。

今、仮にユングが生きていたとしたら、彼は、人生の正午を何歳と定めるでしょう？　おそらく、40歳とはいわないでしょう。平均寿命、健康寿命は、ユングがこの考え方を提唱した20世紀中期から大きく延びています。しかし、60歳とまではいわないはずです。人生１００年時代を迎えつつある現代にあっても、60歳は「午後の時間帯」であるという感覚を、社会全体も、あるいはこの本をお読みになっているみなさん自身も持っていると思います。

人生最大の危機である人生の正午は、今の日本では、50歳前後で訪れているのではないでしょうか。いや、もう少し正確に言うと、50歳前後で訪れているけれど、それを自覚しながらも、それまでと同じようなものの考え方や仕事の仕方を続け、定年間近になって急に不安に駆られて、大慌てをしている人が多いのではないでしょうか。最近の「定年本ブーム」は、そんな状況を映しているように見えます。みんなが、60歳以降をどう生きたらいいのか、迷いに迷っています。長く生きること、長く働くことに、困り果てているのです。

「ライフシフト」って、なんでしょう？

生き方、働き方を考える本ということでいえば、『ライフシフト／100年時代の人生戦略』（リンダ・グラットン　アンドリュー・スコット著　東洋経済新報社刊）も爆発的に売れました。「人生100年時代」というバズワードは、この本から生まれたものです。

この本の原題は〝The 100-Year Life〟。Amazonに載っている英語版の同書の解説文には、以下のようなくだりがあります。

＊

私たちの多くは、勤労生活への3段階のアプローチ、すなわち仕事、就労、引退という伝統的な考え方をもっています。しかし、この経路はすでに崩壊し始めています。平均寿命は延び、

複数のキャリアを重ねていく人の数は徐々に増えています。あなたが何歳であっても、以前の世代とは全く異なったやり方で、全く新しい方法で人生を構築する必要があります。

＊

全員が全く新しい方法で人生を構築する必要があるうえに、そもそもの「人生の正午」という危機を迎えている現代の50歳。迷い、困っているのも当然でしょう。

ところで、この本のタイトルになっている「ライフシフト」という言葉。どういう意味なのでしょう？　原書には、タイトルにも解説にも、そして本文にも「ライフシフト」という言葉は出てきません。和製英語ですから当然です。この言葉は、日本語版のタイトルとしてつけられたもの。日本人が好んでつくる「雰囲気があるけど意味がよくわからない言葉」の典型です。

だから、この言葉を使う人は自分なりの解釈で使っています。最たる例は、転職や起業・独立を指しているもの。これまでとは違う分野の企業へと転じたり、自分で会社をつくって独立する、というような働く場所や働き方の変化を、ライフシフトと名付けているケースが多いようです。

自分の人生の「主人公」になる

実は、この本でご紹介する22人のライフシフターの中には、以前と同じ会社にいる人も、同じ仕事をしている人もいます。ライフシフトを、働く場所や働き方の変化と捉えている人には、その人たちはライフシフターに見えないかもしれません。しかし、22人の誰もが、50歳という人生の正午に、あるいはそれ以降に、大きな変化を遂げています。それは何か？

全員が、自分の人生の「主人公」になっています。自身が生きていくうえで大切にすべき価値軸に気づき、オーナーシップをもってワクワクしながら生きています。そう、ライフシフトとは、生き方の抜本的な変化です。転職、起業のような外形的な変化のことではないのです。

しかし、全員が50歳まではそのようには生きてはいませんでした。誰もが、日本の会社で、会社の意を受けて、会社のために働いてきた典型的な会社員でした。

そんな普通の人たちが、なぜ、どのようにしてライフシフトできたのか。どのように価値軸に気づき、どのように変身したのか。その法則をみなさんにお伝えしたい。多くの「人生の正午に悩める人たち」に、ライフシフトを楽しんでほしい。そんな想いで、この本を創りました。

22人のライフシフターが変身していくストーリーが、そして、全員のストーリーに共通する「ライフシフトの法則」が、読者の皆様の素敵な気づきにつながることを、心より願っています。

ライフシフト・ジャパン株式会社　大野誠一　豊田義博　河野純子

目次

価値軸2　好きを仕事に　53

価値軸3　社会に貢献　79

価値軸4　手に職つけたい　105

文中の年齢、所属、肩書きは、取材当時のものです。

序論

「人生の主人公」になるための8つの価値軸

「人生100年時代、か……」

大田は、机の上に積んだままになっている本の背表紙を見ながらつぶやいた。30万部売れているという書籍『ライフシフト』。ブームに遅れては、と、出版後半年たったころに買い求めたのだが、最初の方を読んだものの、本の厚さにその先が進まないままだ。

でも、どんな内容なのかは大体わかっている。本好きな同僚と昼ご飯を食べた時に、さわりを教えてもらったし、よく知らない誰かのブログに載っていたずいぶんと丁寧なまとめを読んだこともある。

100歳以上まで生きるのが当たり前な時代が来るという。そして、そうなると、80歳ぐらいまで働かなければならないという。自分にあてはめると、気の滅入る話だ。

現在59歳。来年には定年を迎える。再雇用制度を使って65歳まで働こうと思っているが、給料は今の半額以下になる。55歳で役職定年になり、ヒラ社員になった時にすでに3割も給料が下がっているというのに、さらに半減するのかと思うと、何とも情けない。

しかも、どんな仕事をすることになるかは、直前までわからない。先輩たちを見ていると、定年前にいた部署にそのまま残っているケースもあるが、どうやらそれは仕事ができる一部の人に限られているらしい。まったく違う仕事に就いている人も多いし、関連会社に出向している人もたくさんいる。自分はどうなるのだろう。考えても仕方がないことなのに、ついつい暇に飽かせては、そんなことを考えてしまう。

＊　＊　＊

なんだか、気がかりな様子ですね。そんなことよりも、いきなり小説のような文章で戸惑われた方もいるかもしれません。これは、とある大手電機メーカーに勤めている大田哲之さん（59歳・仮名）の様子を描いたもの。この大田さんの様子の中に、この章でお伝えしたいことが実はたっぷり詰まっています。もうしばらく、大田さんの思い悩みにお付き合いください。

＊　＊　＊

もっと給料を出してくれそうな他の会社に転職する、ということも考えてはみた。書籍『ライフシフト』には、3ステージからマルチステージへ、と書かれている。同じ会社にずっと勤めるのではなく、いろんな仕事をする時代になる、ということらしい。確かに、同期の中にも転職する奴らが増えた。会社の早期退職の募集に応じて52歳の時に転職した同期の佐野に詳しく聞いたこともある。

久しぶりに会った佐野は元気そうに近況を語ってくれた。

「東京にある同業の中堅企業に入れたし、部長格で迎えてくれたからな。給料は少しだけ減ったけど、ラッキーだったよ。あのまま残っていても、給料は減る一方だもんな」

仕事も順調なようだった。会社で担当していたのと同じ領域の商材を扱う部署に配属されたので、これまでの経験も活かせるのだという。確かに、佐野はその部門ではある時まではいい業績を残していた。同期との出世レースに負けて部長になり損ね、閑職に追いやられたのが転職のきっかけだったと記憶している。さすがに、本人はその話は口にしなかったが。

しかし、酒が入るにつれて話のトーンが変わっていった。どうも職場の人たちとうまくいっていないようだった。

「部長っていっても、部下がいるわけじゃないんだよ。そうそう、部下なし管理職。で、ホントの部長がいるわけだけどさ。こいつが、偉そうにこっちの仕事に難癖をつけてくるわけだよ。年下だから、口のきき方は『佐野さん、ちょっといいですか?』とか、なんか馬鹿丁寧なんだけどさ。お前も知ってるだろ、このマーケットのことは俺が一番よくわかってるんだよ。任せてくれればいいものを……」

実は、再就職支援会社の人と話をしたことが一度だけある。1年前のことだ。

キャリアカウンセラーは、大田の話を丁寧に聞いてくれた。大学で所属していたクラブの先輩から誘われて、この会社に就職したこと。最初に配属された部門で、営業を9年担当し、自分なりにいい仕事の仕方をつかんできたところで、経理に異動になったこと。6年後には、別の事業部門の経理に異動し、管理職に昇進したと思ったら、また、元の事業部門の営業に舞い戻ったこと。そして、そこからは日本中を転々とし、役職定年の時に東京に戻って、営業支援部隊の仕事をしていること……。

問わず語りで、ついつい長く話しすぎたが、キャリアカウンセラーは興味深そうに聞いていた。そして、最近はどこも人手不足なので、50代でも、ひとつの会社で異動を何度もしていて、取り立てて専門性がないような人材でも、転職先はそれなりにある、と教えてくれた。少しほっとした。

しかし、そのあとに佐野と会って話を聞いて、やっぱり転職するのはやめておこうと決めた。佐野ぐらいに仕事ができる男でもうまくいかないのだ。自分が転職してうまくいくというイメージが持てない。出てくるのは不安ばかりだ。再雇用されて担当する仕事は、これまでの経験があまり活かせないものかもしれないし、関連会社に出向ともなれば、転職と同じぐらいのカルチャーショックが待っているかもしれない。でも、一歩踏み出す勇気はやはりない。不安を抱えたままだが、これまでの仕事人生と同じように、会社の命に従うしかない。あきらめの心境だ。

だが、そこまではまだいい。65歳まではいい。そのあとも10年、15年も働かなくてはならない、とすると、いったいどうすればいいのだろうか。

上の娘は就職して家を出て行ったし、下の息子も来年には大学を卒業できるだろう。住宅ローンも残っているが、退職金の一部を充てれば完済できる。65歳からは年金が満額もらえる。だから、細々と暮らせば何とかなるように思っていた。しかし、会社の研修で、定年後の資金シミュレーションをした結果は、76歳で資金が底をつくというものだった。

妻の美子にその話をしたら、「どうするの?」と、真顔で聞き返された。彼女もパートで働いているが、扶養家族の枠から外れないように、年間の収入は100万円を超えないようにコントロールしている。その仕事もそろそろ辞めたい、とも口にしている。体がきついのだという。

となれば、65歳を超えても働くしかない。どんな仕事をすればいいのだろう。70歳まで働ける仕事は、どうやらいくつもあるらしい。大学時代の友人である豊嶋の父親は、高速道路の切符切りを70歳までしていたそうだ。コンビニのレジの仕事も、ファーストフード店の店員も、人手が足りないので、店によっては年齢不問だという。

そういう仕事をする気には、今はまったくなれない。しかし、その歳になったら、やるしかないのかもしれない。やっている姿を想像して、慌ててその想像を振り払った。考えたくない。

聞いた中では、マンションの管理人という仕事は、やってみてもよさそうだ。しかし、なんでもすごい人気なのだそうだ。考えることは、みんな同じなのかもしれない。

会社の研修では、起業・独立という選択肢についても紹介していた。シニア起業は、なんでもちょっとしたブームなんだそうだ。確かに、起業すれば、自分の体力と気力の続く限り働き続けることができるだろう。しかし、そんな簡単にうまくいくわけがない。

思い出すのは、同期の河藤の大失敗だ。河藤が会社を辞めたのも、佐野と同じ早期退職の募集の時だった。退職金の上乗せが相当の額だったから、他にも確か3人ぐらいが応募した。

河藤は、会社を辞める前から、起業の話をしていた。「介護業界に投資すれば、絶対に儲かる。葬儀関係も、絶対間違いない」と言っていたのを思い出す。そして、早期退職してすぐに事業を開始した。しかし、

2年と持たなかった。倒産の話は、同期の中でも持ちきりだった。聞いた話では、退職金も全部つぎ込んで一文無しになったらしい。

ライフシフトには、無形資産が大切だ、と、書籍『ライフシフト』には書いてある。金銭や不動産のような有形資産ではなく、知識やスキルなどの見えない資産が大切だということだ。この本の核心部分はここだ、とブログでは力説していた。確かにそうだろう。他社でも通用するような能力やスキル、そしていい人脈を持っていないと、転職も起業・独立もうまくいかないに違いない。

しかし、河藤は役員候補とまで言われた切れ者だったし、佐野も出世ルートに乗るぐらいの才覚はあった。そして、河藤は、社内外にすごい人脈を持っていたはずだ。佐野も、サプライヤーとのネットワークは相当のものだった。そんな二人でさえ、うまくいかないのだ。ライフシフトなんて、そんな簡単なことじゃない。所詮は、アメリカだかイギリスだかの話だ。

＊　＊　＊

いかがでしたか。大田さんの様子、あなたはどのように受け止めたでしょうか。「気持ちは実によくわかる。私も同じだ」と共感されたでしょうか。それとも、「何バカなことを言っているんだ。そんなことじゃ、ダメに決まっているだろう！」と、思わず意見したくなってしまったでしょうか。

おそらく、その両方の感想を持たれた方が多いのではないでしょうか。何とかしなくてはいけない、このままではいけないのだろう、でも、どうすればいいかわからないし、変わることにも大きな不安がある……。この本を手に取ってくださった方は、たぶんそのような気持ちを持たれている方なのではないか、と思うのです。

決定的な欠落、それは「自分が何をするか」を自分で決めていないこと

大田さんは、就職してから35年間、ひとつの会社に勤め、その中で多様な経験をしてきました。もちろん、いいことばかりではありませんが、悪いことも含めて、多様な経験をする中で、人は成長していきます。大田さんも、それなりに成長してきました。

しかし、その中にあって、決定的に欠落している経験があります。それは、自分が何をするかを自分で決める、という経験です。就職の際は、先輩から誘われ、会社に入ってからは、会社の意向で異動を重ねる。もっと続けたいと思っていた仕事から離れる異動も、家族と離れ離れにならざるを得ない異動も、その中には入っていました。

大田さんが勤めている会社は、標準的な日本企業です。今も定期異動を大切にしている会社です。総合職の誰もが、数年に一度のペースで異動します。部門や職種が変わる大きな異動から、隣のグループへの異動など異動の幅は様々。同じ事業部門の中で職種を変わっていく人、同じ職種だけどいくつかの事業部門を渡り歩く人、転勤が続く人など、人によって異動のパターンも異なりますが、会社の状況に応じて、人は様々な異動を繰り返していきます。

自己申告制度はあります。3年に1回、自分のキャリアの希望を人事部に提出する仕組みはあります。しかし、提出した意向を受け入れてもらえる人はごく一握り。ほとんどの人は、自身の意志とは関係なく、会社の意向によって、次にどのような仕事を担当するかを決められています。

自分の人生の主人公は、誰？

人は誰しも、自分の人生の主人公であるはずです。自分の意志や展望を持ち、生きていくという権利を持っています。どのような学校に進み、何を学び、どんな仕事をするかを決めるのは自分自身です。もちろんすべてが希望通りになるわけではありません。第一志望の大学に進めなかったり、行きたかった会社に入れなかった、というようなことは誰しもが経験することです。しかし、そのよう状況になったとしても、そのうえで、どのような道に進むかは、自分で決めることができます。

それが、です。ひとたび日本の会社に入ると、その様相が変わるのです。次に何をするかは、自分ではなく会社が決めることになるのです。一人ひとりの可能性を最大限に引き出し、能力開発を促すために、様々な経験機会を提供する、というような人事方針のもとに、キャリアの選択権を会社が握るのです。しかし、実態は会社の都合です。

仕事ができる人なら希望が通るかといえば、そうでもありません。仕事ができる人は、その部門からなかなか外に出ることができません。優秀であるがゆえに囲い込まれてしまいます。

こういう状況を繰り返す中で、多くの人は、その状態に慣れてしまいます。何をするかは会社が決める。それをどのように進めるかを考えて実行する。自身の人生の主導権を明け渡し、会社が決めた役回り、振り付けに合わせて行動していきます。

この傾向は、男性に、そして高学歴者に顕著です。中核人材を長期雇用して育成していくという日本型雇用システムを最も享受するのは大卒男性。そして、享受する代償として、人生の主導権を明け渡すのです。

だから、こうした人たちは、「自分が何をするか」を、うまく決めることができません。能力がないのではありません。経験がないからです。決めたことがないからです。今、日本には、自分の人生の主導権を明け渡してしまったことで、これからの人生を自らの意志でデザインすることができないたくさんの「大田さん」がいるのです。

転職、起業・独立は、主人公になれる近道か？

「それは、一つの会社に勤め続けている人に限ったことではないか？　転職している人は、きっと違うのでは？」と感じられた方がいると思います。

日本において、転職を経験している人は、実は少なくありません。働いている人の6割ぐらいは、転職を経験しています。その比率は、アメリカと遜色ありません。

「正社員は、違うのではないか」と思われる方もいるでしょう。近年は、非正規社員が増えていて、その人たちの多くは転職を重ねている、でも、正社員は今も転職していない、と考えるかもしれません。しかし、正社員として働いている人で転職を経験している人も、5割程度います。

日本の雇用の流動性は、実はすでに高いのです。そして、有意義な転職を経て、自身の人生の主人公として、自身の意志で自分の人生をデザインしている人も確かにいます。

しかし、転職する際に、多くの人は、これまで経験してきた仕事と同じか近いものを選びたがります。この傾向は年齢が上になるごとに高くなります。当然でしょう。極めて合理的な考え方です。その考え方自体は決して悪いものではありません。

しかし、往々にして、佐野さんのようなケースが起きるのです。これまでの経験を活かして転職したけれど、転職先でうまくいかない、というケースは、40代、50代、60代の転職では残念ながらよくあります。

佐野さんは、同業の会社で同じ顧客を対象に仕事を始めました。今までやってきたことが活かせるから、何とかなると思ったのです。では、佐野さんは、その仕事を、以前の会社、今も大田さんのいる会社にいる時に、自らの意志で担当したのかといえば、違うのです。これがやりたい、という意向が受け入れられてその仕事に就いたのではないのです。そして、佐野さんが、転職しても、その仕事を続けたいと思ったのは、やりたいからではなく、できるから、やったことがあるから、なのです。

河藤さんのケースは、どう考えればいいでしょうか。介護で起業、という、これまでやってきたこととはまったく違う分野への転身です。思い切った人生の選択です。ライフシフトという言葉にふさわしいようにも見えます。

では、河藤さんはなぜ、介護ビジネスをしようと思ったのでしょうか? これまでの仕事とはほとんど無関係。ですから、できるから、やったことがあるから、ではありません。では何か。それは、成長領域だからとか、儲かりそうだから、だったのです。他の誰かではなく、河藤さん自身がその仕事をやりたい、という固有の理由は、なかったのです。

大切なのは、やりたいことを見つけることではない

「やりたいことを探そう」。就職、転職においては、よく言われることです。しかし、単に「やりたいこと」を見つければいいのではないのです。「なぜその仕事をやりたいのか」という質問に、きちんと答えられるかどうかが大切なのです。「できるから」「やったことがあるから」ではなく、「成長しそうだから」「儲かりそうだから」でもない、その人固有の理由や動機に基づく回答があるかどうかが問題なのです。

それが価値軸です。その人自身の心の中から湧き上がってくる「○○を大切にしたい」「○○が心から好きだ」「○○が気になって仕方がない」という想いが、何をするかを導くのです。

大学生が、就活の時に、やりたいことを一所懸命考えても、多くの人は答えにたどり着きません。それは、心の中から湧き上がってくる何かが、まだないからです。人生の経験が単純に少ないからです。

しかし、50歳となれば、いろいろな経験をしてきています。それは、仕事に限りません。家庭のこと、地域のことなど、多様な社会との接点をもって人生を歩んでいます。そうしたこれまでの人生の様々な経験の中に、価値軸はきっと眠っているのです。

しかし、その価値軸を、人生の正午を迎えている多くの50歳は気づきません。会社に人生をゆだねてしまうと、気づかなくなってしまうのです。気づいていても、会社を優先してしまう、という人も多くいます。

主人公には、誰でもなれる

では、そういう人は、ライフシフトできないのでしょうか。日本の会社で50歳まで働き続けてきた人は、自身の人生の主人公になれないのでしょうか。自身の価値軸を見つけて、働いているのが楽しくて、生涯現役でありたいと思っている、そんな素敵な転身ができるのは、ごく一部の人だけなのでしょうか。

どうも、そうではないようなのです。どうやら、大半の人に、ライフシフトの可能性はあるようなのです。これから紹介する22人のライフシフターたちは、全員が日本の会社に勤め、会社の意を受けて会社に貢献してきた人たちです。会社にいた時の活躍ぶりは、人によって違いはありますが、役員になったようなハイパフォーマーはごくわずか。みなさん、標準的な日本のビジネスパーソンでした。そして、今は、一人ひとりが、その人らしい価値軸を持って、自分の人生の主人公としてとてもワクワクする時間を持っています。その中には、政府の人生100年時代構想会議のメンバーにまで選ばれた若宮正子さんも含まれています。

若宮さんのページをお読みになると、ちょっとびっくりするのではないかと思います。素晴らしい生き方をされている方ですが、図抜けた能力や経験を持っていたわけではないのです。会社勤めの時には、「会社のお荷物」と自覚していた時もあるそうなのです。では、若宮さんは、どうして80歳を過ぎてスマートフォンのアプリを開発できたのか。秘訣はご本人の座右の銘「まずやってみる」にありました。

その他の21人の方も、お一人おひとりはとても個性的な方ばかりですが、でも、普通の会社に勤めていた普通の人たち。そういう人が、ある時、あることをきっかけに、自分の中にある価値軸に目覚めていきます。

自分自身の価値軸を見つける旅に出よう

ご紹介する22人以外にもたくさんの方々のエピソードを集める中で、みなさん一人ひとりの価値軸の多くが、以下の8つに分類できることがわかりました。

- ●人を育てる
- ●好きを仕事に
- ●社会に貢献
- ●手に職つけたい
- ●海外とのかけはしに
- ●故郷に帰る
- ●住みたいところへ
- ●家族とともに

本編では、この価値軸分類ごとに、その事例となる方々を2~3人ずつ紹介していきます。みなさん自身がひかれたり、気になったりする価値軸から読んでいただくのがいいのではないかと思います。なお、いくつかの価値軸を併せ持っている、という人が少なからずいますが、この本では、その方の持っている代表的な価値軸のカテゴリーに入れてご紹介しています。

では、28ページから始まる22人のライフシフト、じっくりと味わってみてください。

本編　自分の価値軸を見つけた22人の転身ストーリー

価値軸1 人を育てる

これまで多くの人からたくさんのことを学んできたから、今度は自分が人を育てる番。そんな「恩送り」の気持ちがあるあなたなら、人を育てる道にやりがいを感じるはずです。人生経験が活かせ、やりがいも大きい価値軸です。

人を育てる

心からやりたいことは？行きついたのは若者の就職を支援する道

60歳から専門学校に通い資格を取得。大学のキャリアカウンセラーに

ケース1

山際祐治さん（65歳）

キャリアカウンセラー

金融業界でバブル景気の勃興と崩壊、金融危機を目の当たりにしてきた山際祐治さん。就職当初の「世のため人のためになる仕事を」という思いを突き詰め、定年退職後に行ったのが「キャリアの棚卸し」。自分が本当に達成感を感じられる「キャリアカウンセラー」の道を見つけ、虚心坦懐、ゼロから資格を取得する。「これまでの考え方が180度変わった」という学び直しにより、セカンドキャリアにつながる気づきを得た。シニアならではの長所を活かして〝再就職〟に成功した山際さんは今、人生で最高のワークライフバランスを満喫している。

私は37年間の会社員人生のほとんどを、銀行員として過ごしました。そもそも、金融業界を志したのは、経済の血液といわれる「お金」に関わる仕事だったから。社会的責任も大きいし、世のため、人のためになるような仕事をしたかったのです。もちろん、そのようなやりがいを感じる局面が多々ありました。入社した信託銀行で主に携わったのは、長期融資をメインとして、設備投資など企業を育てるための業務。これは自分がイメージしていた、たくさんの人の役に立つ仕事だ。そう思って、前を向いて一所懸命働いていたわけです。

しかし、入社して15年ほど経ったた頃にやってきたのがバブル景気と、その後のバブル崩壊です。ご存じのとおり、いざバブルが弾けたら、不良債権の回収に走らざるを得ませんでした。銀行も世のため人のためだけではなく、我が身を存続させる責務があることを痛感させられました。その間に、海外勤務や本部勤務を挟みましたが、常に社業には貢献してきたつもりです。ですが、50代の中盤を過ぎた頃から、自分のやってきた仕事は、何か世の中に、人に影響を与えられたのだろうか……少しずつそんな不安と葛藤を感じるようになっていました。

また、それまでずっと仕事最優先で、家族と過ごす時間、自分の趣味の時間を犠牲にしてきました。妻や子どもにもかなり我慢をさせましたし、ワークライフバランスとは無縁の会社人間でしたから。「世のため人のためになるやりがい、満足感」「趣味、家族との時間にも軸足を置くシニアライフ」——ライフシフトを見据えるうえで、この2つが私にとって大きなポイントになったのは当然のことだったのです。

「キャリアの棚卸し」で気づいたこと

この2つのポイントを考え、65歳までの銀行での嘱託雇用を選択せず、60歳での定年退職を決断しました。将来を考えた時に、最後の仕事となるであろうこれからの数年、会社から与えられる仕事ではなく、心からやりたいと思える仕事をすることが、とても大事だと考えたからです。すでに子どもは巣立っていましたし、企業年金が60歳から、厚生年金も61歳からもらえます。妻も仕事をしており、経済的な心配はなさそうでした。退職を告げた時、妻からは「長い間おつかれさまでした。次は何をやろうと思っているの？」と。特に反対はされませんでしたね。

ただ、「世のため人のためになる仕事」を漠然と志向していても、その具体的なイメージはまだなかったんですよ。融資や資産運用については多少の自信がありましたが、もう金融の仕事はしたくない。じゃあ、一体次に何をしようか……退職してからの1年間は、ボランティアでNPOに参加したり、失業保険の給付を受けたりしながら、〝次〟を模索する日々が続きました。

新たなステップに進む道筋が見えたのは、ハローワーク主催のセミナーで勧められた「キャリアの棚卸し」をしてからです。勤務先ではどんなことをしてきたのか、自分にはどんな経験値やスキルがあって、誰にどんなものが提供できるのか。過去を振り返って事細かに書き出し、経歴書に強みとしてまとめていきました。

そうやって棚卸しをする中でふと思い出したのが、銀行の人事部在籍中、採用業務に従事していた頃のことです。希望に燃える大学生と面談し、彼らの将来、会社の将来の両方を考えながら採用を検討する。これが私にとって、楽しくもあり、心からやりがいを感じる仕事でした。採用に携わったのは数年間でしたが、後に私が採用した社員が地方の支店で活躍している姿を見て、「私の目に狂いはなかった」とほくそ笑んだり、「あの時に採用してもらったから今があります！」と感謝されたり。大きな達成感があり、会社の成長にも貢献できる仕事だったんですね。

退職後にそんな気づきを得た当時、世の中では3年を待たずに離職する新入社員や、若者の非正規雇用の増加が大きな社会問題となっていました。このままでは日本の社会は、産業はどうなってしまうのか……そんな問題意識が徐々にふくらんで、「若者の就職活動を支援する」という仕事に、自分のセカンドキャリアの焦点が定まっていきました。

また、採用業務に従事していた時に、感じていた後悔もあります。多くの学生が十分な会社の情報収集、自己分析という準備をしないまま就職活動に身を投じ、面接に苦しんでいたことです。全員は採用できませんから不採用を通知するわけですが、本来のポテンシャルを上手くアピールできていない学生たちにもどかしさを感じていたのも確か。そんな彼らのために、もっと自分にできることがあったのではないか……と。当時は忙しくてそこまでは手が回らなかったのですが。

資格を目指す専門学校で学び直し、現在につながる視座を得る

学生の側に立った就職支援を模索し始めた私は、キャリアカウンセラーという仕事があり、それにまつわる資格があることを知りました。ただ、金融畑で長年過ごしてきましたから、採用やキャリアコンサルティングのプロとしての知識、経験があるわけではありません。そこで専門学校に通い、「キャリアディベロップメントアドバイザー（CDA）」（当時）の資格を取得することに。この資格は後に「キャリアコンサルタント」として統合され、国家資格になっています。

専門学校の講座で共に学んだ生徒たちは、人事部門に籍を置く現役会社員から専業主婦などバックグラウンドが実に様々。年齢も30代から60代まで幅広い層が集まっていました。仲間のいろいろな人生を聞くのも大きな刺激になりましたが、カウンセラー実習で行ったロールプレイで、私は何度も「駄目出し」をされたんですね。ここで大きな気づきを得ました。

ビジネスパーソンの習性としては、問題や課題はあくまで「解決するもの」でした。しかし、「カウンセリングでは、相談者本人と信頼関係を築き、〝問題の本質を見極める〟ことが一番大事」ということを知った。カウンセラーにとって必要なのは、まずは「話を傾聴して、気持ちに寄り添う」こと。相談者にとって役立つ解決策をスピーディに提供することが重要と思っていましたが、そうではないんですね。「六十の手習い」といいますが、60歳過ぎからの学び直しで、私は

キャリアカウンセラーとして欠かせない視座を得ることができました。

こうして、キャリアカウンセラーの資格を得た私ですが、どうやって仕事をスタートさせるかも悩みどころでした。独立したカウンセラーとして起業したとしても、私には顧客を探して仕事を成立させるノウハウがありません。そこで選んだのが、シニア世代の仕事探しを応援してくれ、企業や大学と引き合わせてくれる派遣会社でした。また、フルタイムではなく、パートタイムを志向する私にも、多様な働き方が選べる派遣は好都合でした。ワークライフバランス重視で、フレキシブルに働けて、給与に重きを置かなくてもいい。そう思っていましたからね。とはいえ、派遣会社に登録してから、30件ほどのマッチングが不採用に終わりました。やはり、資格があっても実務経験はないですから。じりじりとモラトリアムの日々を過ごしましたが、条件に合うところをじっくり探せばいいやと。決まるまでの時間は、妻と買い物をしたり、旅行をしたり、これまでできなかったことで時間を楽しく過ごそう。そう割り切れば、焦りもありませんでした。

自分の人生の中で、一番のワークライフバランスを手に入れた

今、お手伝いしている大学のキャリアセンターからオファーが舞い込んだ時も、時間に余裕のあるシニアのメリットが生きました。「繁忙期は週3日、閑散期は週1日」という勤務スタイルに対応でき、しかも「来週から来てほしい」という要望にも、二つ返事で対応できたからです。現在は週に最大3日、午後から大学に通い、大学生たちのキャリアイメージの構築や就職活動を支援しています。私がこれまでの人生でストックしてきたのは「採用する側がどう考え、どういう人材を取りたいのか」ということです。そんな私の知見をカウンセリングの技術を通して提供し、学生たちが希望の会社を見つけ、そこに就職できた時、これほど嬉しいことはありません。

そうやって、充実した日々を過ごしながら思うのは「キャリアの棚卸し」はどの年代にも有効だということです。実際に学生の就職活動支援にも役立っていますし、きっと社会人の転職、シニアのライフシフトであっても変わらないのではないでしょうか。自分が成してきたこと、経験などを棚卸ししつつ、キャリアの節目を受け身でとらえるのではなく、先手を打って積極的に考え、行動していくことが大事だと思います。

私の場合は、専門学校に通ったことで大きな気づきを得られたわけですが、人生60年以上生きてきても、知らないことは意外にたくさんあるんですよね。そうやって新たな場に飛び込むことで、新しい自分のキャリア、ライフステージの積み上げ方が見えてくる可能性があります。ありがたいことに今は、自分の人生の中で一番ワークライフバランスがいいと思っています。現状のペースを維持しつつが前提ですが、できることなら、高校生や社会人のカウンセリングにも挑戦してみたい。いずれにせよこれからもできるだけ長く、キャリアカウンセラーという仕事を続けていきたいですね。

Personal Data

▶住まい・家族構成
妻と２人暮らし。長女は結婚し、独立

▶ライフシフト前後の変化
【時間の使い方】 大学生の頃にあきらめたクラシックギターにトライしたり、海外赴任時代に身につけた英会話を再習得したり、妻と旅行したりと、趣味、家族の時間を大切にできるようになった
【収入】 現在のパートタイムの給与は「お小遣い程度」のもの。企業年金、厚生年金のバックアップがあるので生活水準は下げずにストレスのない生活ができている
【人間関係】 キャリアカウンセラーになって３年。20代の学生と接する機会が多く、いつも刺激、学びが得られている

▶座右の銘
「朝の来ない夜はない」
「努力は人を裏切らない」

▶これからチャレンジしたいこと
現役大学生の就職相談に限らず、他の世代のカウンセリングにも興味あり。NPOのボランティア支援も再開させようかと思案中

やまぎわ・ゆうじ
1953年、東京都生まれ。大学卒業後、中央信託銀行（当時）に入行。融資や資産運用などの業務に携わる。また、人事部では人事、採用を担当。出向関連子会社等を勤務後、銀行のコンプライアンス関連業務などを経て60歳で自主退職。退社後はボランティアに興味を持ち、東日本大震災被災者の就学支援を行うNPOに参画し、窓口、事務業務をアシスト。その後、キャリアカウンセラーの資格を取得し、派遣会社に登録。現在、大学のキャリアセンターにパートタイム勤務しながら学生たちの就職を支援している。

山際さんのライフシフトのポイント

◆「キャリアの棚卸し」で価値軸に気づく

転機を迎えた時、それまでの経歴を分析的に振り返る「キャリアの棚卸し」がよく行われる。山際さんは、心からやりたい仕事を見つけるためにハローワーク主催のセミナーで実践し、「若者の就職活動を支援する」という仕事に焦点を定めることができた。

◆専門学校での学び直しで視座を得る

キャリアカウンセラーの資格取得のために専門学校で学んだ山際さんは、カウンセリングに不可欠の「相談者本人の“問題を見極める”ことが最重要」という視座を得る。「問題は“解決するもの”」というビジネスパーソンの習性から脱することができた。

◆派遣という働き方を選びワークライフバランスを実現

資格を取得したものの、仕事を獲得するノウハウがなかった山際さんは、仕事探しを応援してくれる派遣会社への登録を選ぶ。そこで、希望どおりワークライフバランスが実現できる大学のキャリアセンターの仕事が得られた。焦らず探そうという姿勢も奏功した。

取材協力／株式会社リクルートスタッフィング

「キャリアを決めるのは自分」その気づきが、投げやりな自分を前向きに変えた

突然役職定年制度が導入され、53歳からキャリア研修講師の道へ

ケース2

池田 猛さん（59歳）

ソニーセミコンダクタマニュファクチャリング株式会社人事部所属
キャリアコンサルタント有資格者

ソニーの看板商品の一つであるビデオカメラ「ハンディカム」。エンジニアとして、機能の根幹を担うアナログLSIの回路設計に携わった池田猛さんは、統括係長、統括課長、統括部長と順調に昇進を続けた。しかし、53歳の時に導入された役職定年制度が大きな転機となる。後ろ向きな思いで会社から提示されたキャリア研修講師・メンターの職に転じたが、予想に反して人から喜ばれる素晴らしい仕事であることを知る。組織の力学から離れた結果出合えた新たな天職、シニアや若手にかかわらず前向きな人生づくりへの貢献が今の池田さんの生きがいだ。

私は鹿児島にあるソニーの半導体関連会社で、半導体デバイス設計開発部門の管理職から人材開発部門に異動して、社員のキャリア研修を手がけるというまったくの畑違いの立場にキャリアチェンジしました。その転機となったのは、53歳の時に会社に導入された〝役職定年制度〟です。

35歳までは、一エンジニアとして家庭用ビデオカメラ「ハンディカム」に搭載するアナログLSIの回路設計を手がけていました。ソニーは昔から放送局が使うハイエンドのビデオカメラをつくっていて、その技術を応用して民生用の機種にアレンジしたものが「ハンディカム」です。社内には先輩方が蓄積してきた高い技術力があります。「ハンディカム」は一時期、テレビと並ぶソニーの看板商品でしたし、その頭脳部に当たるLSIを設計する仕事にエンジニアとして誇りを感じていましたね。そして、36歳で統括係長、40歳で統括課長、42歳で統括部長と順調に昇進を続けました。

統括課長以降は設計業務の現場から離れ、顧客であるソニー本社のビデオカメラ事業部門との折衝や最上流の企画業務、メンバーの労務管理などを担当するようになります。ソニーの提示する大まかな仕様や意向をもとに、適切な性能や価格の半導体をどのようにつくるか、その最適解を導き出すことが当時の私に課せられた最大のミッションでした。何度も試作するとコストがかさみますから、短期間で仕様を満たす品質にたどり着かねばなりません。「ハンディカム」はソニー本体の損益を大きく左右する商品でしたので、プレッシャーはかなり大きかったですが、それを上回るやりがいを感じていました。

大事な場面に呼ばれなくなったことにショック

ところがデジタル技術の急速な進展とともに、アナログＬＳＩは衰退の一途を辿ります。開発部は縮小され、私は統括部長から降りることに……。しかし、親しかった専務がＣＣＤというデバイスの設計部門に担当部長職として異動させてくれました。その後、担当部長職が廃止となって統括課長になりましたが、給料は据え置きです。

そんな、ある意味平穏な会社員生活を続けていた２０１２年の10月、私は人事から、「当社も役職定年制度を導入することになりました。池田さんも対象となります」と伝えられました。なんとなく、予兆は感じていたんですよ。ソニーはいつしか収益を上げることに苦しむようになり、株価が急落する「ソニーショック」という言葉も生まれました。さらにその後、リーマンショックで世界的不況に。ソニーが必死で構造改革を進めていた最中に、役職定年制度が導入されたわけです。しかし、我が身に降りかかることまでは想定できていませんでした。

ショックだったのは、仕事で大事な場面に呼ばれなくなったことです。お客さまに役職定年となることを伝えると、「もう池田さんと会えなくなるんですね」と言われました。そのあたりから、社内の重要な打ち合わせの声がかからなくなり、呼ばれるのは、例えば若手社員のミスの火消し。

「お客さまが怒っているから、池田さん対応してきてください」と。こうして、徐々にモチベーションが上がらない仕事が増えていきました。役職がなくなるわけですから仕方ないとは思いましたが、これから自分はこの会社で生きていけるのだろうかと……。

「今の俺は何なんだ!」と情けなくなった言葉

役職定年後に会社から命じられた業務は、主に週1回の技術会議の事務局運営でした。そんな私に、人事担当者は「事務局運営の業務は継続しつつ、そのうち30%の勤務時間を〝社内メンター〟の活動に割いてほしい」と。確かに、時間はたっぷりありました(笑)。

社内メンターとは、２０１４年から導入されたキャリア研修を受けた受講者の研修後フォローを行う役割です。一般職は48歳から54歳まで、管理職は52歳までを対象とし、彼らに今後のキャリアデザインを考える研修を受講してもらった後、着実に実行につなげるようフォロー面談を行うことが具体的な仕事となります。

こうなる前は、60歳の定年までバリバリ働き、その後は定年延長をしてのんびり余生につなげようと考えていました。しかし、役職定年となり、突然時間がたっぷりでき、これからどうしようと考えても、何も頭に浮かばない。昔から「来るもの拒まず」という姿勢で仕事に相対してきました。だったら、「社内メンター役も悪い話ではない」と考えて、人事の要請を受けることにしたのです。そして私は、毎週土曜日、10回連続でキャリアカウンセラー養成講座を受講するため、鹿児島から福岡まで通うことになります。

その初回の自己紹介で私は、「役職定年を言い渡されて、ここに来ました」と言ったそうです。というのも、緊張していたのかその時のことをまったく覚えていなかったんです。しかし、養成講座の講師の方によると、かなり投げやりな態度をしていたらしい。確かに5回目ぐらいまでは、前向きに参加したとはいえなかったと思います。

そんな自分が変わったきっかけが2つありました。一つは、養成講座で「自分のキャリアは自分で考え、自分で選択する自由がある。今の自分があるのは、自分の責任だ」という話を聞かされたこと。その言葉にハッと気づかされたのです。その時、「今のこの俺は何なんだ!」と情けなくなりました。もう一つは、その頃に読んだ『トンネラーの法則』(ロム・ブラフマン著 CCCメディアハウス刊)という本で、「逆境を潜り抜けて成功する人のマインドセットはポジティブなものである」を再認識。投げやりな姿勢のままでは幸せになれないと思い直せたのです。この2つがきっかけとなって、鬱々としていた気持ちが徐々に晴れていったことを覚えています。

研修企業の担当者からも高く評価

養成講座を修了すればすぐやれるほど、キャリアカウンセリングは甘い仕事ではありません。1

人のクライアントに対峙し、今後のキャリアデザインを前向きに考えてもらうよう導くコミュニケーションは、とても奥が深い。久々に、自主的に勉強したくなり、一般の講習会に参加したりしました。しかし、〝勤務時間の30％〟ではどっちつかずで、なかなか実地のスキルが上がりません。そこで、人事に「専任でやらせてほしい」と直訴してみました。これは偶然でしたが、弊社が外部企業に運営依頼していた研修にはコストがかかっており、人事はトップから内製化を指示されていました。渡りに船の直訴だったのでしょう。私は人材開発課に異動し、研修講師を兼ねた専任者として全社の年間20回におよぶキャリア研修を任されることになったのです。

私にとって、このキャリアチェンジは一つの光明となりました。人事部の上司からも「よくやってくれている」と高く評価してもらえましたし。ところが、給料は毎年下がり続けるわけです。その事実に不満を感じた時、「自分のモチベーションの源泉は、お金と社内のポジションだった」ということに気づいてしまった。自分の〝さもしさ〟に悲哀を感じてしまいました。

ちょうどその頃です。研修企業から「当社の研修トレーナーとなって、他企業の研修もやってもらえませんか？」というオファーをもらいました。企業間の取り組みの一環でという前提ではありましたが、何人ものトレーナーを見てきた担当者が自分を高く評価してくれたことで、一気にモチベーションが高まりました。ただし、当社は副業禁止がルールなので、その分の収入は会社に取り上げられてしまうのですが（笑）。

こうして現在は、鹿児島事業所のほか九州各地、東北の各事業所を回ってキャリア研修を行い、時間がある時は他社の研修トレーナーを務めています。受講者の中には、私のように役職定年でモチベーションが下がったり、管理職になれなかったことを引きずっている〝難しい人〟もいる一方、前向きに自分や会社をよくしていこうという意識の高い人も数多くいます。いずれにせよ今、多くの人から感謝してもらえるこの仕事の手応えは十分。それぞれの人の事情や立場に寄り添って、少しでもいい方向に導く支援をするこの仕事の奥深さや難しさに悩む日々ですが、それを楽しめている自分がいます。

役職定年となる前は、「俺の稼ぎで家族が食えている」と考えていて、家庭は妻に任せっぱなし。彼女自身や家の悩みを話されても聞き流していました。彼女は強く言ってくるタイプではないので、我慢してくれていたんでしょう。今は多少余裕が出てきたせいか、妻の話し方の抑揚や微妙な表情の変化に気づけるようになって、「何かあったの？」など、こちらから話しかけるように気をつけています。ある時、「これまで、真剣に話を聞かず悪かったな」と言ったら、「ありがとう」と微笑んでくれました。

60歳の定年退職後も、研修企業の業務委託となってずっとこの仕事を続けていけそうなこと、とてもラッキーだと思っています。いつか学生の就職支援、シニア層のライフシフトの支援にも取り組んで、一人でも多くの人たちの幸せな人生設計に貢献したいと、張り切っています。

Personal Data

▶住まい・家族構成
妻と双子の娘(33歳)。次女は福岡に嫁いだ。長女と3人で鹿児島県姶良市の自宅に住む

▶ライフシフト前後の変化
【収入】管理職時代から約3割減。ただし、部下を持たない分、飲み会や冠婚葬祭に関する出費がなくなり、大きな変化は感じていない

【仕事のやりがい】以前は、ソニーの収益を左右する看板商品を手がけることに大きなプレッシャーを感じていた。現在はキャリアカウンセリングをした相手から直接喜ばれるところにやりがいを感じている

【人間関係】昔は鹿児島事業所の上司や部下、顧客との付き合いが主。現在は、長崎、熊本、大分、宮城、山形の各事業所の社員たちと会って対話することが仕事。人的交流がどんどん広がっている

▶座右の銘
「永遠に生きるかのように学べ。明日死ぬかのように生きろ」

▶これからチャレンジしたいこと
サボっていた自転車とその活動を綴るブログ更新を再開し、仲間とのツアーも復活させたい

いけだ・たけし
1959年、鹿児島県生まれ。大学卒業後、産業用電池メーカー、富士通ディジタル・テクノロジに勤務し、通信用アナログLSIの回路設計に従事。89年、30歳の時に、東京での暮らしづらさを感じ、故郷にUターンして現在のソニーセミコンダクタマニュファクチャリングに転職。「ハンディカム」用アナログLSIの回路設計を手がける。2013年、役職定年により人材開発課に異動し、キャリア研修講師、研修後のフォロー面談を行う社内メンターとして働いている。

池田さんのライフシフトのポイント

◆養成講座や本で気づきを得る

会社から一方的に決めつけられた役職定年を機に投げやりな状態となった池田さんだったが、キャリアカウンセラー養成講座や本で「投げやりな姿勢のままでは幸せになれない」との気づきを得る。これで、マイナスだった心理状態をプラスの方向に向けることができた。

◆自らの意思で就業条件を変える

いざキャリアカウンセリングの仕事を始めてみると、会社の指示による“勤務時間の30%”では中途半端と思い至る。そこで人事に「専任でやらせてほしい」と直訴し、偶然も作用して認められた。このことで、研修講師の仕事に本格的に取り組む環境を引き寄せた。

◆外部の人の評価を受け止める

研修講師としての歩みを始めた池田さんは、研修企業から「他企業の研修もやってほしい」と評価される。社内評価や金銭的な対価ではなく、社外から評価されたことを前向きに受け止め、一気にモチベーションを高めた。

人を
育てる

培った営業ノウハウと度胸を後進に伝え、地域に貢献する生き方へ

59歳で転職したJ2運営チームの営業で、若手と地域を元気に！

ケース3

清水祐治さん（63歳）

株式会社岐阜フットボールクラブ（FC岐阜）営業担当

定年直前、早期退職制度に応募した清水祐治さん。前職での最後の仕事は、子会社に転籍して約70人の部下を早期退職に導くことだった。会社に一人残ることをよしとせず、メンバーの応募を見届けてから、自らも早期退職に応じる。そして次に巡り合ったのは、地元のプロサッカーチーム運営会社。経営破綻寸前の組織に乗り込み、前職で培ってきたマネジメント力で若手を育成しながら次々にスポンサーを獲得、社長から「救世主」と称えられる。根っからのバイタリティで自社と地域を元気にすべく奮闘を続けていたのだが……。

長く勤めた大手精密機器メーカーの最後の仕事は、早期退職制度という名のリストラ推進役。リーマンショック、円高などで業績が悪化し、ライバル企業に比べて立て直しが遅れましてね。そんなさなかに東日本大震災が発生。2011年の5月、会社は1万人を、14年度までに削減することを発表します。うち国内のリストラ目標は7000人です。時計販売事業部の事業部長をしていた私は、2013年に58歳になり、役職定年を迎え、物流子会社に転籍となりました。その会社には70人ほどの社員がいたわけですが、私に課せられたミッションは、彼らに早期退職制度への応募を促すこと。いわば〝肩たたき〟役です。精神的につらい仕事ですが、割り切ることにしました。退職金の割増分がかなりの額だったことと、部下たちが会社に残っても将来はかなり暗いと感じたからです。私は、嘘偽りなくこう伝えました。「君はこのままここにいても大変だぞ。だったら、有利な割増金をもらって身を引いたほうがいいんじゃないのか?」と。

素直に応じてくれた者がほとんどでしたが、中には泣き出したり、「私に死ねというんですか!」と食って掛かってきたり。さらにはグループに労働組合がなかったため、連合に駆け込んで訴える者も。自分の感情を押し殺す日々が1年間続き、モチベーションを維持するのは正直きつかった。「トップは反省しているのか!」と腹が立ちましたし、自分としても、長く貢献してきた会社の最後の仕事がこれかと……。この業務を続けるうち、決して正義漢ぶるわけではありませんが、「みんなを辞めさせて自分だけ残るのはおかしな話だ」と考えるようになりました。そして、応募締め切りの1週間前、社長に「自分も退職します」と直訴したんです。彼は「おまえ、何を言ってんだ⁉」とびっくりしていました。

あわよくば、あの時ワクワクした仕事をもう一度

でも、その時は「ここまでやってご苦労さん」と自分を労わるような感覚になっていたんです。辞めても、路頭に迷わないだけの蓄えはありましたし。実は、一番意外だったのは妻の反応です。退職を反対されると思いきや、「あなたのやりたいとおりにすればいい」と。つらいリストラ仕事を知っていたのと、生活はやりくりすれば何とかなると思ってくれていたのでしょう。ですから、会社が用意していた、外部企業の早期退職者向け転職斡旋サービスを受けに行った時も、こう言ってはなんですが、「一応話を聞いておくか」くらいの気持ちでした。部下たちに「全員、必ず受けるんだぞ」と伝えた手前、自分が行かないと示しがつかないですから。

転職斡旋会社のキャリアカウンセラーと話をするなかで、一番盛り上がったのは、メンバーたちと手がけた、インターネットを使った有名漫画家との日本初のタイアップ商品開発の話でした。漫画家と時計デザイナー、一般のファンと意見交換しながら商品をつくってネットで売ったら、発売と同時に注文が相次ぎ、15分で用意した全部が完売。ものすごい話題になりましたよ。若いメンバーも面白がって、徹夜もいとわずワイワイやってくれた。普段は文句ばかり言ってる奴らが、

目をギラギラさせてね（笑）。自分にとっても、会社員生活のハイライトでした。キャリアカウンセラーからは、「そんな仕事が清水さんに一番ふさわしい。しっかり経歴書に書いておきましょう」と言われました。確かに、あわよくば、あんな仕事がもう1回できたら最高だなと。

その後、キャリアカウンセラーから紹介されたのが、Jリーグ2部・FC岐阜の運営会社の営業職でした。スポンサー集めが主な業務です。その時に思ったのは、スポーツ・エンターテイメントという形のないものをPRする仕事は難しいし胡散臭いけど、面白そうだということ。一瞬迷いましたが、キャリアカウンセラーが熱心に勧めてくるので、面接を受けに行くことにしました。

軒並みスポンサーを獲得、〝スーパースター〟の活躍ぶり

事前に調べてみると、当時のFC岐阜運営会社の経営は破綻寸前で、Jリーグから追い出されそうな状況でした。Jリーグには債務超過や3期連続赤字になると参加資格を失うというルールがあるためです。しかもチームの成績も下位に低迷。面接の際、社長に「将来ビジョンはあるんですか？」なんて失礼とは知りながら聞きましたよ。50歳を超えた自分が受かるわけはないと高を括っていたこともあります。

その社長から、数日後に合格連絡が届きました。不安？　ゼロです（笑）。35年、培ってきた営

業経験と度胸には自信がありましたし、交渉事は好きですから、何とかやれるだろうと。社長からは、「清水さんはベテランだから、若いメンバーにもいろいろ教えてほしい」と言われました。たとえば名古屋グランパスは、トヨタという特定のメインスポンサーを持っています。ある種の親会社ですね。市民クラブが母体のFC岐阜には、そういう存在がありません。みんなで少しずつ出し合って運営するという経営スタイルなんです。なので、運営スタッフもいろんなところから寄せ集められていました。

また、入社後にわかったのですが、数人いた平均年齢30歳の営業たちは、大手には腰が引けてアプローチせず、社長がサッカー好きな会社を選んで営業に行ったりしていたようです。話を聞いてくれそうな社長に単に頭を下げて、スポンサー料をくださいというお願いをするだけ。私は彼らにはっきりと「そんなものはタカリだよ」と言いました。FC岐阜の存在価値は、岐阜県民を元気にすること。それは、岐阜経済をよくすることと同じ。「地場企業がFC岐阜のスポンサーになるのは当然なんだ」とも。

そうやって営業メンバーを鼓舞しながら、県下の大手企業の上から順に軒並みアプローチしていきました。そうしたら、次々とアポが取れ、わずか数カ月で20社ぐらいの会社がスポンサー契約を快諾してくれたんです。自分でも予想以上の成果で、社長からは「君はFC岐阜の救世主、スーパースターだ！」と喜んでもらいました。

二度目のライフシフトで、生まれ故郷の子どもたちに夢を

具体的な若手の育成としては、アポ取りから商談までひととおり同席させて見せるというOJTを基本に据え、週1回の勉強会で提案書の書き方までを全員で研究しました。逆に若手に言われて印象的だったのは「清水さんは、お客さんの前でペコペコしないんですね」という言葉。先ほども言ったように、FC岐阜も岐阜の企業も目的は同じ、対等なんです。また、スポンサーのフォローも足りていなかった。イベントをやっても、その効果をアピールするのが下手だったんですね。そこで私は、スポンサーを一堂に集めた異業種交流を実施しました。支援者という共通項があると集まりやすいし、腹を割って話しやすくなる。ここから新しいビジネスが生まれることを願っています。

加えて、スポンサー企業の方々に、スタジアムで観戦してもらうよう呼びかけました。何といってもプロ同士が真剣に戦う90分間は応援に力が入りますし、サッカーを知ってもらえる。試合後に活躍した選手と握手して、感動の涙を流す方もいました。そんな方がいる企業は、確実に契約を更新してくれるようになるので、しめたもの（笑）。と、59歳で想定外のライフシフトをし、新たな仕事を覚え、知り合えなかった人たちにも出会え、メンバーも目に見える成長を遂げてくれました。この4年間、とても充実した日々を送っていたのですが……実は、もう1回ライフシフ

トしなければならなくなりました。父を介護していた母が倒れ、飛騨の実家に戻らなければならなくなったのです。

定年まで半年を残してのリタイアとなり多少残念な気持ちもありますが、「いつまでもこんなジジイがしゃしゃり出るべきじゃないだろう」が本心です。きっと、成長してくれたメンバーがしっかり仕事をしてくれるでしょう。そうそう、もう一つ嬉しい変化があります。サッカーにまったく無関心だった妻が、興味を持つようになりました。夫婦間の話題が増えたこと、お互い「よかったね」と言い合っています。

今後は、高校時代まで過ごした地元の友人たちとの交遊が復活するのが楽しみだし、地域に働きかけて地元の子どもたちをFC岐阜の試合に連れて行ってあげたいと思っています。その中から、1人でも2人でもFC岐阜でプレーすることを夢見る子が出てきたら、最高ですね。いずれにせよ、これからは自分ができる範囲で、若い人たちの夢をふくらませる後押しをし、生まれ故郷に恩返しできる活動を続けていくつもり。そんな新しい生活のスタートを前に、ワクワクしている今日この頃です。

Personal Data

▶**住まい・家族構成**
妻。子どもはいない。今後は、故郷での介護と自宅（名古屋市）の二重生活の予定

▶**ライフシフト前後の変化**
【時間の使い方】前職時代も、それほど遅い時間まで働くということはなかった。現在の職場では率先して「成果は上げてサッサと帰る」を実践。帰りづらい職場の雰囲気を一掃した

【収入】現在の給料は前職時代の3分の1以下に激減したが、車通勤が多い職場なので前職時代のような頻繁な飲み会の支払いがなくなったことと、「路頭に迷わない程度の」貯蓄があるので、問題はない

【仕事のやりがい】自分がノッている時の仕事の面白さには差がないと感じている。やりがいの有無は、本人の気持ちの問題というのが持論

▶**座右の銘**
「一期一会」。一度会った人とは、すぐ友だちになれることが自慢

▶**これからチャレンジしたいこと**
これからは時間にゆとりができるので、またいろいろな場所に妻と出かけたい

しみず・ゆうじ
1954年、岐阜県生まれ。大学卒業後、大手精密機器メーカーに入社。長く時計販売事業部での営業や商品企画に携わる。同社では最終的に事業部長の要職に就き、百数十人の部下をマネジメントしていた。58歳の時に物流子会社に転籍し、当時発表された早期退職制度の運用を担う。2014年、59歳で自身も同制度に応募し退職。その際に会社から推奨された転職斡旋を受け、岐阜フットボールクラブ（FC岐阜）の営業職に転じる。スポンサー獲得業務などで活躍。

清水さんのライフシフトのポイント

◆自ら早期退職制度に応募

部下に早期退職制度への応募を促す“肩たたき”の仕事をした清水さんは、「自分が残るわけにはいかない」と自らも応募する。“路頭に迷わないだけの”蓄えがあったことも大きいが、自分の気持ちに素直に従ったことが、次の進路に前向きに向き合える要因となった。

◆「キャリアの棚卸し」を行う

転職斡旋会社のキャリアカウンセラーと経歴について話す中、若いメンバーと一緒に画期的な手法で新商品を開発するという、自分が最も輝いた仕事のあり方を再確認できた。そして「そんな働き方をもう一度してみたい」という気持ちになる。

◆「FC岐阜の営業職」のオファーに飛び込む

メンバーとワイワイ進める仕事をイメージしている時に舞い込んだ、プロサッカーチームの営業職の仕事。「胡散臭そうだが面白そう」と飛び込むことに決めた。営業体制ができていないところで、自分の長い営業経歴を活かせるとの自信もあり、大活躍につなげた。

まとめ

長い人生経験こそが一番の武器。学び直すことでより自信を得ることができる

ライフシフトの指針を得るには、山際さんや清水さんのように〝キャリアの棚卸し〟を行うことが有効です。それまでの長い職業人生活を振り返り、どんなことにモチベーションを高め、自己効力感を覚え、高い業績を挙げることができたかを分析するのです。その結果、「後進を育てる仕事こそ、自らが役に立てる道」との結論に至る人も多いことでしょう。

発達心理学的にも、人は中高年期になると自身の存在の軌跡を、後の世代につなげることに関心を持つようになっていくといわれています。いわゆる「世代継承」です。そこには、「これまで自分は数多くの人に教わり、育ててもらって今がある。だからこそ、今度は自分が人を育てる番」といった〝恩送り〟の思いもあるのでしょう。したがって、〝人を育てる〟仕事に就くことは、50歳からのライフシフトの核をつくる有力な手段となり得ます。

人を育てるという道を選んだ時、一番の武器になるのは、清水さんのように長い人生経験です。とはいえ、山際さんや池田さんのように学び直すことで新たな視座を得たり、専門技術を身につけ、自信を得たりすることができます。既存の知識や価値観を一旦捨て去って新たに学び直す〝アンラーニング〟が、重要な気づきを与えてくれるのです。キャリアカウンセラーへの道を定めた山際さんが、それまでのビジネスパーソンとしての「問題は解決するもの」という習性から脱し、「相談者本人の問題を見極めることが最重要」という視座を得ることができたのは、その効用の典型です。

なお、キャリアカウンセラーは国家資格であり（資格名称は「キャリアコンサルタント」）、養成講座が各地で開講されています。〝人を育てる〟道への学び直しに適しているといえます。

価値軸2

好きを仕事に

もしあなたに、どんなに時間を使っても苦にならない趣味や、周りから頼まれ事をされるような特技があるのなら、それを仕事にする人生はどうでしょうか。あなたの好きなことで幸せになる人を増えるのであれば、これほど楽しいことはないでしょう。

好きを仕事に

50歳で早期退職を選択。
クラフトビール専門のパブを開業

好きなビールを来店客と共に味わいながら会話を楽しむ至福の時空

ケース1

真田了仙さん（57歳）

Craft Beer House LUSH LIFE オーナー

世田谷区桜新町の通称〝サザエさん通り〟で、クラフトビール専門のパブ「LUSH LIFE」を経営する真田了仙さん。昔からビールが大好きで、広告会社を退職する2年前、会社の近くに画期的なクラフトビール専門の洋風居酒屋がオープンすると「こんな店をやりたい」と考え始める。そして、いくつかの契機が重なり、会社を退社、2012年7月開業へ。以来、売り上げの不安定さに悩まされながらも、来店客と共に好きなビールを味わい、会話を楽しむ毎日を送っている。「70歳まで、この店を続けたい」――それが真田さんの願いだ。

私の店「LUSH LIFE」は、ベルギー、ドイツ、アメリカ産を中心に、50種類ほどのクラフトビールを楽しんでもらえるパブです。フードは、フィッシュ&チップス、ソーセージ、餃子など、ビールに合うおつまみを20種類以上用意しています。最近、ウィスキーも揃えて、メニューの幅を広げました。コンセプトは、〝リセット〟。この手の店にありがちなのかもしれませんが、心身ともに1日の疲れをここでリセットしてほしいな、と。そのため、7卓14席あるテーブルは間隔をややゆったり配置し、10席あるカウンターも一般的な店より広めに設計。そして、スクリーンを設置してスポーツや映画などの映像を流し、くつろげる雰囲気を演出しています。

お客さまの90%が近隣の方々です。住宅街にある店ですから、地元民に支持されないとやっていけません。オープンから丸6年経ちましたが、毎月の売り上げは不安定ながらも、収益は微増トレンド、収支もなんとかトントンで続けられているのは、やはり地元の常連さんが離れず通ってくれているからだと思います。とはいえ、目標の客席回転数の達成はなかなか難しい。これを毎日達成できるよう、情報発信に注力していこうと思っています。オープン当初からホームページをつくり、SNSも利用してアピールに努めてきましたが、いかんせんそれらは〝プル型〟。その存在を知らない人にはなかなか見てもらえません。そこで、メッセージ配信する〝プッシュ型〟ツールや、DMの活用も検討中。DM用の名簿リストはまだ１００人ほどしか集められていませんが、これをなんとか１０００人にもっていくことが当面の目標です。

デジタル化の波、東日本大震災、早期退職制度、組織変更……

店を始める前に勤務していたのは、従業員数200人ほどの広告会社でした。私にとって3社目の勤務先で、1988年に営業として採用されました。スキル不足もあったのでしょうが、クライアントに恵まれず、けっこうしんどい10年間を過ごします。しかしその後、プロモーション部門に配置転換となってからは、仕事も面白く、自分なりに活躍できたと思います。仕事内容は、大手電器メーカーをクライアントとし、新商品の販促キャンペーン、展示会、プレス向けイベントなど、プロモーション活動の企画・設営・進行です。私は、プロデューサーとして外部の協力会社をディレクションしながら、フロントに立ってすべてを仕切るといった立場にありました。企画がハマって集客数が増えた時は、本当に嬉しかったですね。

ところが2010年頃になると、仕事の様相がちょっと変わってきました。それまではイベントという〝リアル〟な場の企画が主体でしたが、スマートフォンやデジタルサイネージなど〝バーチャル〟なデジタルメディアをどう活用するかといった案件が急に増え始めたのです。クライアントからは、時流に乗った企画だけでなく、デジタル化による効率化やコストダウンを求められるわけですが、なかなかうまく対応できない……。正直言うと、技術の変化・進化のスピードに、私がついていけなくなったのです。

この時、私は部下8人をマネジメントするグループ長でした。企画などの業務はすべてITリテラシーの高い若手に任せ、自分は現場から一歩引いて、マネジメントに徹すればいいと思われるでしょう。でも、この会社にいる限りは、自分が考えたアイデアでプロモーションを成功させたいと強く思っていました。なんとかデジタル化の流れに追いつこうと努力はしましたが、やはり好きなことでないと集中できないし、頑張れないんですよね。

ちょうどその頃、東日本大震災が発生。一瞬で多くの人の命が奪われる様に衝撃を受け、「自分が本当にやりたいと思える仕事、社会貢献につながる仕事をしたい」と考えるようになりました。それからほどなくして、会社が、60歳の定年前に退職すれば、割増退職金がもらえるという早期退職制度のスタートを発表。そして、自分のチームが再編され、新規事業を行う部署に異動せよとの通達が……。短期間のうちに、それらのことが次々に自分に突き付けられ、仕事へのモチベーションが、一気に急降下していきました。

画期的なクラフトビール専門店に出会い、いつしか目標に

妻に、早期退職制度を使って退職することを相談してみました。彼女からは「次の仕事が見つかるのなら、別にいいわよ」という返事。家では仕事の話などほとんどしてこなかったので、私の仕事の中味に大きな関心はなかったと思います。その当時、中学1年と小学5年という、これ

から教育費がかかる子どもが2人いました。専業主婦だった妻としては、これまでと同じくらいの収入があれば問題ないという考えだったのでしょう。そして2011年7月、私は早期退職制度を使って、会社を退職しました。

退職後、別の会社に転職するか、クラフトビールのパブを開業するか、自分の中には2つの選択肢がありました。当時、勤務先の近くに新しい形態のビアパブが開店したんです。オープンテラス付きのクラフトビール専門店なのですが、20席ぐらいの空間にお客を40人ぐらい詰め込む、外国のパブのようなワイワイガヤガヤとした雰囲気。そして、通常1杯1000円~1500円はするクラフトビールを、相場の7割程度で飲ませてくれるんですよ。

ビールは昔から好きでしたが、48歳の時に、初めてベルギーのクラフトビールを飲んだ瞬間、「味も香りも全然違う！ うまい！」と感動。一気にハマってしまいました。その後、いろんな国のビールを調べたり、それらを取り寄せて楽しむことが趣味に。そんな私にとって、30種類ほどのクラフトビールを安く飲み比べられるこのビアパブは、当然、通うべき店になりました。そして、その店の常連になり、何度も通ううちに「いつか、こんな店をやってみたい」と考えるようになっていったのです。みんなが楽しそうにビールを飲んでいる空間って、最高だな、と。また、自分はサーフィンをやっていたので、海に近い鎌倉あたりで開業し、午前中波に乗ってから店を開けるという生活をイメージして（笑）。この店と出合わなければ、自分で店をやるなんて思わなかったでしょうね。

そうはいっても退職時、まだ独立開業の踏ん切りはつかず。客商売の難しさは感じていたので、店への思いを上回る再就職先があるならと、会社が用意していた再就職支援プログラムを活用しつつ転職か独立かを決めることに。担当してくれたキャリアカウンセラーも、「飲食店で独立するなら、できるだけ早いほうがいいと思います。もちろん、気になる企業が出てきたら応募する。並行してしばらく動いてみましょう」と両輪で活動することを勧めてくれました。ただ、半年ほどで再就職には見切りをつけました。年齢がネックとなり、いいご縁が見つからなかったのです。

根拠のない自信で、心配する妻を半ば強引に説得

妻に「クラフトビールの店をやりたい」と告げると、「失敗したらどうするの？」と猛反対されました。まあ、先述のとおり、我が家には教育費のかかる年代の子どもが２人いますからね。ただ、退職してからの半年間、ビールメーカー主催のセミナーや独立開業支援セミナーに参加したり、ノウハウ本を読むなどして、事業計画を作成していました。「失敗しないために、こんな打ち手を講じる」「最初は不安定かもしれないが、絶対に軌道に乗せる」と妻に伝え、再就職した場合と、独立して軌道に乗せた場合のシミュレーションも提示。そうやって最終的には、納得してもらいました。半ば強引に（笑）、でしたけど。そんな妻も、今ではアルバイトのやりくりがつかな

い時には、協力してくれています。

鎌倉で絶好の物件が見つかったのですが、契約直前でキャンセルに。そこで計画を変更し、川崎市の自宅から通いやすく、競合店のないエリアを探し、現在の物件を見つけました。ちなみに開業までにかかった資金は約2000万円。そのうち半分は金融機関から融資を受けています。

独立して感じるのは、当たり前かもしれませんが、会社員時代と責任感や使命感がまったく違うということ。また、前職時代と比べると、実質の労働時間は〝倍〟になっています。頼れるのは自分しかいませんし、私が倒れたらアウト。成功も失敗も、黒字も赤字も、すべてが自己責任の厳しい世界です。いずれにせよ、まだまだ「順調・安定」とは言えません。とにかく今は、常連さんを大事にしつつ、一人でも多くのご新規さんを獲得すること。これを第一の目標として、日々、私にできることはすべてやるつもりで、店に立っています。

店にはビールを楽しむだけでなく、コミュニケーション求めて一人で来店されるお客さまがけっこういらっしゃいます。そんな方と一緒にビールを飲んで、好きなビールについて語り合う。この時間が、すごく好きなんですよね。この時間を得るために俺は独立したんだ、と思えるくらい。そして、私が自信を持ってサーブしたクラフトビールに、お客さまからの「うまい！」の一言。たまりません。そうやって、お客さまの笑顔を増やしながら、最低でも70歳までは、この店の経営を続けていくつもりです。お近くに来られたら、ぜひお立ち寄りください（笑）。

Personal Data

▶住まい・家族構成
妻と子ども2人（20歳、18歳）と同居。子どもたちも時々ご飯を食べに来店している

▶ライフシフト前後の変化
【時間の使い方】以前は20時まで残業し、21時に帰宅。現在は、14時に店に出て24時までの営業後、片付けをして帰宅。体力的にはきつくなったが、なんでも自分のペースでできるのでストレスは減った
【収入】会社勤務時代から半減した。独立前に計画していた30%減まで収入を高めることが当面の課題
【仕事のやりがい】独立しすべてが自分の裁量と責任でできるようになった。来店したお客さまとビールを飲みながら会話をする時間が無上の喜びに
【人間関係】上司、部下、顧客相手の生活から一転、常連客とボウリング大会やBBQを楽しむように
【座右の銘】「天は自ら助くる者を助く」。何をするにも、まず自分が動かなければ始まらない

▶これからチャレンジしたいこと
サーフィンに月に1回は行けるようにしたい。そのためにも、店を任せられるスタッフを育てなければ

さなだ・りょうせん
1961年、長崎県生まれ。大学卒業後、印刷会社に就職。広告会社を対象に業務を手がけるうちに広告に興味を持ち、1年後に大手広告代理店に契約社員として転職。2年後、正社員の職を求めて別の大手広告代理店に転じる。勤務先が資本や社名を変える中、営業、プロモーションプロデューサーとして24年間勤務。2011年、50歳の時に早期退職制度を活用し、退職、独立。世田谷区桜新町にクラフトビールを専門とするパブ「LUSH LIFE」を開業。

真田さんのライフシフトのポイント

◆状況への違和感を見過ごさず、真にやりたいことと向き合う
現状への違和感と向き合うことが、ライフシフトの契機となる場合が多い。真田さんの場合は、仕事の変質や異動、震災などが重なり、現在の仕事へのモチベーションが低下。「好きなことでないと頑張れない」「社会に役立つことをしたい」という内なる声に気づいた。

◆理想的な店と出合って、目標を見つける
理想的なモデルを見つけると、漠然としていた気持ちが固まり、実際に行動を起こすことにつながる。クラフトビールが好きになっていた真田さんは、転機を迎えた頃に目標となる店との出合いが重なり、一気に独立開業するイメージが高まった。

◆開業セミナーで学ぶ
やりたいことが未経験であったり、当該知識が不足している場合は学ぶ必要がある。飲食業が未経験であった真田さんは、ビールメーカー主催のセミナーや独立開業支援セミナーで基本を学習。事業計画を策定し、反対する妻の説得にもつなげた。

好きを仕事に

ストレスなし、夜はぐっすり、ご飯も美味しい！　犬が大好きだから続けられた

53歳で始めた「儲かりそう」な事業で大失敗。「犬の散歩」が仕事に

撮影／刑部友康

ケース2

古田弘二さん（77歳）

株式会社ＪＴＬ
代表取締役

53歳でカネボウを早期退職し、保険事業で起業するも、わずか1年で断念。失意のどん底にあった古田弘二さんを救ったのは、愛犬のクッキーの存在だった。犬の散歩を代行する「愛犬のお散歩屋さん」を始めると、メディアの取材が殺到し、一気に大ブレイク。散歩の依頼だけではなく、「私もこの仕事をやりたい」というシニアからの要望が増え、フランチャイズビジネスも展開するように。これまでリードした犬は約１５００頭。「犬が好きだから、ストレスゼロ！　今が一番健康かもしれません」と、77歳の古田さんは笑う。

犬が大好きなのは、父の影響なんです。小さな頃から犬が何頭も家にいて、毎朝、学校に行く時について来ようとしたのを覚えています。東京の大学に進学して下宿した時も、就職後に単身赴任した時も、犬を連れていきましたよ。

カネボウではずっと営業です。いわゆる「モーレツ」社員で、全国を転々としながら自社商品を売りまくっていました。最後の仕事は豊橋の支店長でしたが、ある時、「空売り」というんですが、商品を売っていないのに帳面上で売り上げにする不正を発見。「こんなことをしていたら潰れます」と上司に報告しても、真剣に聞いてもらえなかった。案の定、その後カネボウは経営破綻。会社がおかしくなっていることを、現場の人間はみな知っていました。こういう不正がまかりとおる会社には、もういられない。そう思って早期退職制度に手を上げたのが、53歳の時です。女房からは猛烈に反対されましたよ。でも私は、思いついたら頭で考えるよりも身体でパッパと動くタイプ。なんとか彼女を説き伏せ、起業の道へ。不安はまったくありませんでした（笑）。

会社に勤務していた45歳頃のこと、社内研修の講師に来てもらったジャーナリストの竹村健一さんに教わったんです。「そろそろ年金じゃ食ってけない老後になる。自分の生き方は自分で考えないといけません」。この時ですね、おぼろげながら自分の中に独立という選択肢が生まれたのは。でもね、独立して最初に始めた事業は犬の散歩じゃないんですよ。会社員時代、営業車を使っていて何度も駐車違反の切符を切られました。その度に罰金をとられると、懐が痛いでしょ。そこからヒントを得て「切符を切られたらお金を補償する」という保険事業を考案、会社を立ち上げました。カネボウ時代の同僚に声をかけ、大きな創業イベントを開いて、1300人の保険顧客を集めたんです。ところが、始めてみると反則する人があまりにも多い。1年ほど踏ん張りましたが、「これでは続けられない」と判断し、預かった保険金を全額払い戻して完全撤退です。この時点で、退職金の2500万円は底をつき、一文なしに。これからどうやって暮らしていこうか……途方にくれましたよ。

愛犬クッキーが、私の仕事をつくってくれた

それからは、食べていくために新聞配達や、有料衛星テレビの勧誘もしました。そうやってアルバイトで生活費を稼ぎながら、困ったな、どうしようかなと思っている時に、犬が私の仕事をつくってくれたのです。その〝恩犬〟は、豊橋時代の部下がくれた愛犬、クッキーです。クッキーを連れて家の近所を散歩していると「よくしつけができていますね。うちの犬も一緒に散歩に連れていってくれませんか？」と声をかけられました。理由を聞くと「最近、足の調子が悪いので、散歩ができないんです」と。もしも犬の散歩が仕事になるとしたら、これは私の天職だ！と思いました。近所の愛犬家10人に「こんな仕事をしようと思うんだけど、需要がありますか」と聞いたら、みな「ぜひやってほしい」。今度は妻も大賛成してくれました。彼女も大の犬好きでしたか

ら。今も散歩を手伝ってくれているんですよ。

それからは毎朝、犬を散歩させながらポスティングです。多い時には、1日40㎞以上、歩きました。やがてポツポツと依頼が増え始めて、最盛期には1日10頭以上。月収にして100万以上稼いだこともありました。文字どおり、足で稼いだお金ですね。

54歳のシニアが犬の散歩ビジネスを始めたということで、たくさんの新聞やテレビに取り上げられたんですよ。すると、「私もその仕事がしたい」というシニアからの相談が殺到しました。確かにこの仕事は、始めるのに特別な技術はいりませんし、身体を動かすから健康になれる。そもそも、ペットシッターという仕事をちゃんと事業にしていたのは、当時は私ぐらいしかいなかったんです。それでフランチャイズ展開を始めました。わずか数年で加盟店が全国70店舗を超え、年商は3億円を突破しました。これには、カネボウ時代の経験が活きました。販売店をマネジメントしていましたから、人の教育も契約書づくりも、化粧品のビジネスを犬の散歩に置き換えただけですよ。

しかし、加盟店が増えると、サービス品質のコントロールが難しくなります。信用第一のビジネスなのに、時間に遅れたり、事故を起こしたり、仕事をキャンセルしたりと、顧客に迷惑をかける人も出てきた。もともとは、犬を愛する人たちの助け合いの輪を拡げることが目的だったはずです。初心に戻らなければと、反省しましたね。それからは、より一層顧客満足度、顧客継続率を重視することに重点を置いて、加盟店を増やすことはやめました。そして残ってくれた加盟店さんと月1回、勉強会を開いて、お互いに情報交換。同じ仕事をしていれば、同じ悩みを持っています。そんな仲間と、ずっと仕事を改善し続けています。

なんでも始めるのは簡単。でも、続けるのは難しい

77歳になりましたが、今でも1日7頭、散歩させています。さすがに毎日40㎞は無理ですが、それでも1日1万歩は歩く。老人にとって一番つらいのはヒマな状態ですが、逆に忙しすぎても疲れてしまいますから、このくらいのペースが今の自分にはちょうどいい。それでも月収が35万円以下になったことはありません。この仕事は、始めるだけなら誰でもできますが、続けることが難しい。人間は80歳まで生きられても、犬は十数歳までしか生きられません。だから人間相手の仕事より8倍は努力しないと、お客さまには認めてもらえないと、私は思っています。

だから今も毎日チラシをまくし、ポスターも貼る。加盟店さんと契約する時も「1日ポスターを何枚貼りましょう」と指導するんですが、1、2年はできても、3年、4年はなかなか続けられません。また、散歩を引き受けていた犬が亡くなったあと、新規のお客さまを獲得できない人もいます。私みたいに財産を失って「もう失敗できない」という気持ちがないと、途中でギブアップしてしまうのかもしれません。信頼を得る努力も大切です。今、玄関の鍵を9本、お客さまか

ら預かっています。他人が家に勝手にあがってくるなんて、誰だってイヤですよね。でも、私のホームページにはこれまでの経歴を全部掲載していますし、時間は絶対に守ります。散歩中に何をしたとか、うんちやおしっこの状態はどうだったかとか、全部メモして渡します。それを毎日続けると、鍵を預けてくださる。それだけ信頼していただけるのは、ありがたいことですね。

専門的な知識も、ある程度は必要だと思います。散歩屋さんを始めてすぐから15年間、日本獣医生命科学大学に通って、人間と動物のこと、全部授業を受けました。散歩だけでなく、犬のしつけの依頼が増えていったのは、そのおかげでしょう。獣医大学の先生は、みなさん私のことを知っていますよ。

心から好きだと思える仕事なら、きっと続けられる

これまでに約１５００頭の犬を預かってきました。23年間、仕事は１日も休んでいません。朝３時に起きて、３時半に活動ブログをアップ。３時50分に家を出て、４時から１頭ずつ、散歩をしていきます。昼過ぎには、いったん家に帰って昼寝。午後にもう一度出かけて、４時頃に帰宅。大好きな相撲がやっている時期は、横綱の土俵入りがある3時半にはなんとしても帰ってくる(笑)。それからご飯、お風呂。夜は7時には寝てしまう。健康的ですよ。睡眠時間は、犬と一緒で10時間。ずっとこんな生活ペースですから、同窓会も、私に合わせて昼間に開いてもらってい

るんです。

ここまで続けられたのは、やっぱり犬が大好きだからでしょうね。犬は、1週間ほど一緒に散歩すると、一生、私のことを忘れない。毎日しっぽを振ってくれる。それが嬉しいのよ。だから私も、まったくストレスがない。これがもし、人間相手の仕事だったら、続かなかったでしょう。50歳ぐらいまではどんな嫌なことがあっても我慢ができたんですよ。子どもを育てないといけない、家のローンも残っていると思うと、我慢ができた。でも、この歳になったら、自由に生きたいじゃないですか。まったく人間ぐらい、わがままで困った動物はないんだから（笑）。

振り返ってみると、最初に選んだ保険の仕事は、心からやりたいことではなかった。実は、45歳くらいから知人と「起業塾」というのを始めましてね。定年後の仕事として一番いいのは、葬儀屋か、介護士かって議論していました。保険事業のアイデアは、その過程で思い浮かび、一人でやれるのがいいと考えて始めたんです。でも、商売になりそうだ、儲かりそうだと思っただけ。だから続けられなかったんでしょう。

犬の散歩は、ストレスがないどころか、ストレスを解消してくれます。毎日身体を動かしているから、お腹はすくし、毎日ぐっすり眠れる。犬と一緒にいれば、夢中になっていられます。それが幸せ。会社員時代の同期に会うと「食が細くなった」「寝つきが悪くなった」なんていうけど、私は食べたくてしょうがない、寝たくてしょうがないんですからね。

Personal Data

▶住まい・家族構成
妻と2人暮らし。息子と娘はすでに独立

▶ライフシフト前後の変化
【時間の使い方】朝は3時起き、夜は7時就寝。モーレツ社員だった頃とは一転して、規則的かつ健康的な生活に
【収入】会社員時代は忙しすぎて、仕事の費用対効果など考えなかった。今は、犬の散歩にあてるのは1日4時間。時間給は今のほうが確実にいい。そういった意味でも満足度は高い
【仕事のやりがい】会社員時代は数えきれないほどの顧客を抱えていたが、今のほうが盆暮れにいただく物が多い。人の役に立っている喜びが、この仕事を手がけてからどんどん大きくなった
【人間関係】お客さまの年齢が、80代、90代と高齢になった。これが一番大きな変化

▶座右の銘
「つかず離れず」。これが人間関係の極意

▶これからチャレンジしたいこと
85歳までは働き、その後は日本全国、カネボウ時代にお世話になった土地を訪れて回るつもり

ふるた・こうじ
1942年、岐阜県生まれ。大学卒業後、大手化粧品会社のカネボウに入社。営業担当として全国を転々とする。53歳で早期退職。一度は保険関係の事業で起業するも軌道に乗らず、犬の散歩やしつけを代行する「愛犬のお散歩屋さん」に事業を転換し、大成功。これまで約1500頭の散歩を引き受けてきた。フランチャイズ展開もしており、現在は50店ほどの加盟店とともに市場を拡大している。

古田さんのライフシフトのポイント

◆在職中から会社に頼らない生き方を考える

自分の人生は自ら切り拓く主体性がライフシフトのベースとなる。古田さんは、社内研修で聞いた「自分の生き方は自分で考えないといけない」という言葉をしっかり受け止め、いずれ独立するという選択肢を意識するように。それが、早期退職制度応募の布石となった。

◆本当に好きなことでニーズをつかむ

「儲かるから」ではなく、「好きなことで人の役に立ちたいから」。古田さんが二度目の起業で成功した理由は、動機の違いにあった。もちろん好きなことがすぐさま仕事になるとは限らない。しかしニーズを見つけることができれば、「好き」は最大の武器になるのだ。

◆高品質のサービスを作り上げる

顧客にとって好きな世界だからこそ、それに関わるサービス品質には厳しい目を向けるもの。古田さんはサービスが好評なことを受けて事業拡大するものの、サービス品質が棄損されるケースが発生。「信用第一のビジネス」と再認識、拡大をセーブし品質向上に努めた。

好きを仕事に

障害があっても簡単に着付けができる帯を発明し、70歳で起業

今では脳梗塞にも感謝。着物の素晴らしさを一人でも多くの人たちに広めたい

撮影／阪巻正志

ケース3

鈴木富佐江さん（82歳）

株式会社さくら着物工房 主宰

定年後は、ボランティア活動に没頭するつもりだったが、突然の脳梗塞に倒れた鈴木富佐江さん。後遺症の影響で、大好きな着物が着られなくなった。しかし「不自由は発明の母」とはよく言ったもの。身体に障害がある人でも2分で着付けができるという「さくら造り」帯を含め、3つの特許を出願。その後、「着物ライフ」を教える講師を育てるため、「さくら着物工房」を設立。70歳にして起業を果たした。「着物の素晴らしさを一人でも多くの人たちに広めたい」という心からの思いが、彼女の原動力だ。

学生の頃から、ボランティア活動が私のライフワークです。短大を出た後は幼児教育に関わって、夫を早くに亡くした後は金融機関に勤めてと、どれだけ忙しくしていてもボランティア活動は生きがいでした。

人生100年時代、定年後からが長い。何もすることがなかったら恐怖ですけど、私はいよいよボランティア三昧だと思って、60歳の定年退職を楽しみにしていました。実際、「日本さくらの会」に入ってフィリピンやペルーに桜を植えに行きましたし、シニアライフアドバイザーという会にも参加して、お年寄りが元気に生きるための支援活動をしていました。

ところが65歳の時、そんな生活が一変しました。歯を磨いていたら、手が動かなくなって。脳梗塞でした。命こそとられませんでしたが、後遺症が残り、右半身が不自由に。何よりショックだったのは、大好きな着物が着られなくなってしまったこと。帯を結ぼうにも、手が後ろに回りません……絶望しました。旧家の祖母は着物に造詣が深く、私は小さい頃から着物に親しんできました。高校時代には演劇部に所属し、家から持ってきた着物をみんなに着せて、劇を演出したこともあります。のちにお見合い結婚したのも、夫の着物姿の写真に目を惹かれたのが縁。「着物つながり」ということで話がまとまったようです。

それから金融機関で働いていた時代も、イベントなど、大事な仕事をする時の「勝負服」は着物でした。バブルの頃でしたから、「着物で場が華やかになる」と喜ばれました。取引先の新しいオフィス完成祝いなども、「ぜひ着物で来てください」と頼まれたものです。

突然帯が結べなくなる日が来るなんて、夢にも思いませんでした。呉服屋さんにも相談しにいきましたが、「帯を2つに切れば結べるようになります」と言われて、愕然としました。大事な帯にハサミを入れるなんてぜったいに嫌。半年ぐらいは、悶々としていましたね。

「さくら造り」帯を発明して特許も出願

「ああそうだ！帯を折り紙だと思えばいいんだ！」とひらめいたのは、お風呂に入っている時です。切らなくていい、折ればいい。すぐに浴室を飛び出して、試作開始です。「さくら造り」帯が完成するまで、半年ぐらいは試行錯誤したでしょうか。折り紙のように帯をたたんで糸で固定します。そうして、あらかじめ背中の結びと胴の部分をつくっておけば、あとは紐でとめるだけ。これなら、私のように身体が不自由でも、2分で帯を結べます。

「不自由は発明の母」とは、よく言ったものですね。病気をするまで、帯なんて「できて当たり前」でした。でも、できなくなったら、神様から思わぬ知恵をいただきました。今でも後遺症は残っています。これは一生、治らないでしょう。でも、なってしまったものは仕方がない。元に戻そうと思うのではなく、残っている機能を活かし、何ができるのか考えたほうがいいと、つくづく思います。吃音で言葉が出てこないこともありますが、それもまったく気にしません。待っていれば、ちゃんと頭の中の引き出しから、必要な言葉が出てきてくれます。

「さくら造り」帯を事業にしようだなんて、最初は思っていませんでした。でも、他にないものだと好評で、マスコミがたくさん取材してくださいました。息子は「母さん、それ広告費にしたら何億円分だよ！」と驚いていましたよ。その頃から徐々に、簡単に着物が着られる喜びを、もっと多くの方々に伝えたいと思うようになりました。私にボランティアを教えてくれた、日本赤十字社の橋本祐子先生に学んだことがあります。「大きい夢も小さい夢も、かなう確率は20％。同じ20％なら、大きな夢を持ちなさい」と。それなら私は、「さくら造り」帯を使った新しい着物の文化を全国に広めようと決めたのです。

2人の息子にはかなり心配されました。特許をとるべきではないか、資金は大丈夫なのか、などなどと。もちろん、特許は自分で特許庁へ行って調べながらとりましたし、この仕事にかかるお金と、生活できるだけのお金も、貯蓄と年金ですべてまかなえています。ただ、一番、息子たちが心配していたのはやはり私の病気のこと。でも、それだから私は、できるだけ早く、一人でも私の技術を身につけてくれる人を増やしたかったのです。そのために「さくら着物工房」を法人化して、「さくら造り」帯を使った着付けの講師を養成する教室を始めた時、私は70歳になっていました。

２０２０年の東京オリンピックを、着物で出迎えたい

法人化してからは、北海道から九州まで飛び回って講師を育て、20カ所で教室を開きました。会社員時代の経験は、すべて活きたと思います。企画力も、プレゼンする能力も、人を育てる能力も、です。育てた講師たちがまた各地で新たな教室を開いてくれたおかげで、今では卒業生が３０００人以上にもなりました。お金儲けはまったく考えていません。借金をしない代わりに、「さくら着物工房」で稼いだお金は全部、「さくら着物工房」の活動につぎ込んでいますから。そもそも私は、身の程以上のことはしないつもりでいます。会社人間だった頃は、お給料もボーナスもあって当たり前で、自分を過大評価しがちでした。でも私は年を経るごとに、「足るを知る」ということを理解するようになりました。立派な事務所を開いたり、きれいなパンフレットをつくったりはせず、できるだけ手堅くやっていくことが、何事も長続きさせるコツだと思います。

80歳を過ぎた今、お教室は少しずつ若い先生たちに任せて、私は高齢者施設や障害者施設を訪れては、着物を着ていただくボランティアをしています。それまでは無口でうつむいていたみなさんが、久しぶりにおしゃれをすると笑顔になってくれる。やっぱり嬉しいんですよね。足が不自由で車椅子だった方が、シャンと立ち上がった時はびっくりしました（笑）。

２０２０年の東京オリンピックも、大きな目標です。着物の魅力を、外国の方にもっと知って

もらいたい。前回の東京オリンピックの時も、ボランティアで参加しました。着物姿で外国人選手を出迎えたら、とても喜んでくれて、まるでスターになったような気分でした。今度のオリンピックでは、障害のある方にも着物をアピールしたい。車椅子の方でも着られるようにと、ボタンで留める長襦袢や、ファスナーを使った着物も発明しました。

ある年の講師会で、「先生は教えることばかりに目が向いているでしょうけど、私たちみたいに着物で働く女性にも役に立っているんですよ」と言われて、なるほどと思ったことがあります。旦那様が開業したサンフランシスコのレストランで、彼女は「さくら造り」帯で着物を着て、店の切り盛りを手伝っているそうです。それが評判になって、また新しいお店を出すことができたと。一度身につけた技術は、人に取られることもない。そして、それを生かすことができれば、身を助けてくれるというお話でした。

無理のないペースで着物のよさを伝える活動を続けたい

夫を亡くした時、私は32歳。子ども２人もまだ小さくて、泣いている場合ではありませんでした。仕事に家事に教育に夢中でした。でも、この活動を始めてみて、私は人に使われるよりも、自分で自分をプロデュースするのが好きだし、向いていることがわかりました。といっても、無理はしないつもりです。家族と過ごす時間、着物以外の俳句や歌舞伎鑑賞といった楽しみも犠牲にしたくないですね。

今のペースで私がお教室もして事務もして、それからお掃除や片付けなんかもして、というのをずっと続けるのはとても無理。そこで声をかけたら手伝いに来てくれる人がご近所にいました。旦那さんを亡くされて、お子さんも自立してしまい、一人暮らしをしている女性でした。私は会社員時代の知り合いとはもう付き合いがありませんが、今ではそんなご近所付きあいに助けられています。

さくら着物工房に、関わる濃度はさておき、死ぬまでこのまま続けていきたいと思っています。また、今いる生徒さんたちと「人間塾」を開こうと思っています。大好きな人たちと集まって、着物と関係するものを持ち寄って、学び合う。私は歌舞伎を毎月、観に行っています。着物で観劇をするのがちょっとしたブームになっているようです。数年前は、客席に着物姿が私一人だけのこともあったのに。もっともっと、たくさんの人に日常でも着物を着ていただきたい。これからも私のペースで、無理せず慌てず着物を広める活動を続け、世の中のお役に立ち続けたいと思っています。

Personal Data

▶住まい・家族構成
東京・狛江市の自宅で一人暮らしを満喫中。２人の息子はそれぞれ独立。２人の孫がいる

▶ライフシフト前後の変化
【時間の使い方】金融機関に勤めている頃は、総合職として仕事に忙殺される日々を送っていた。現在、自身が教える教室は月６回開催。自分がつくった会社なので、マイペースで仕事を前に進められている
【収入】年金や家賃収入のおかげで、生活に不安なし。事業で得た利益はほとんど事業に還元している
【人間関係】会社員時代の人間関係はほとんど残っていない。教室の生徒やご近所との付き合い、狛江市との協同事業が中心に

▶座右の銘
「夢は大きく描く」「トンネルの先には光がある」。宮尾登美子、藤原ていなど、自身と同じく満州から引き揚げてきた作家の本を読み、刺激を受けている

▶これからチャレンジしたいこと
目下の目標は、2020年の東京オリンピックで、外国人旅行者に着物をアピールすること。そのため『元気なパラリンピック応援団 in こまえ』を立ち上げた

すずき・ふさえ
1936年、中国・大連生まれ。高校時代から青少年赤十字活動にかかわり、ボランティアを日本に定着させた恩師・橋本祐子さんに学ぶ。短大を卒業すると幼児教育にあたり、その後結婚。しかし32歳の時、夫に先立たれる。金融機関の総合職に就職し、60歳の定年まで勤務。2001年、65歳の時に脳梗塞に倒れ、好きだった着物が着られなくなる。そこで「さくら造り」帯を発明し、特許を取得。70歳でさくら着物工房を創業した。

◆病を得てもあきらめないポジティブ思考

病気やケガは、人生における大きな試練。従来できていたことが「半分しかできなくなった」と後ろ向きに悔やむか、「まだ半分できる」と前向きに考えるかで大差がつく。鈴木さんは、典型的な後者。その気持ちの持ちようから、特許出願するほどのアイデアを思いついた。

◆お金のためでなく着物の魅力を伝えたいという想い

好きなことを仕事にしても、“お金儲け”が目的となると事業拡大に追われ、好きであることを楽しむ時間を犠牲にするなど本末転倒となりがち。鈴木さんは「身の程以上のことはしない」と収益はすべて着物の魅力を伝える活動に投じ、長続きさせることを第一にしている。

◆大きな夢を描く中で自分の適性に気づく

人には、人生哲学や座右の銘となるほど影響を受ける言葉があるもの。鈴木さんの場合は「大きな夢を持て」。そこで、自ら考案した着物の帯を用いて新しい着物文化を広める道を志し、「人に使われるより、自らをプロデュースするほうが向いている」と気づいた。

まとめ

趣味と仕事の違いは顧客満足。楽しみながら、プロとして品質を磨くことが大切

仕事と趣味は別。そう考えて働いている人も多いことでしょう。ここに登場した3人もかつてはそうでした。けれども「好きこそものの上手なれ」という諺があるとおり、誰しも好きなことには夢中になって取り組むことができ、ゆえに早く上達し、楽しい時間を過ごせるという〝いいこと尽くし〟の面があります。好きなことを仕事にできれば、これほど幸せなこともないはずです。では、どうすればそんなライフシフトができるのでしょうか。

真田さんのように、モデルとなる店や人、サービスを見つけるのも一つの方法です。真田さんは独立開業セミナーなどで学んでいきなり起業しましたが、そういったロールモデルとなる店や企業で、一定期間修業をするのもよいでしょう。また古田さんや鈴木さんのように、人から頼まれたり、自分が困っていることから潜在的なニーズを発見するといった方法も考えられます。趣味と仕事の違いは、満足して対価を支払ってくれる顧客がいるかどうかだからです。

好きを仕事にしたあとも、顧客満足を考え、サービス品質を磨き続けていく必要があります。ある意味、顧客とは同じジャンルの愛好者同士。顧客のニーズもよくわかるはずです。また古田さんが15年間、大学に通って人間と動物に関する造詣を深めていったように、プロとして学び続けることも大切です。

もう一つ気を付けるべきことは、〝等身大〟を意識すること。ビジネスとして身の丈を超えるまでの規模拡大を意識しすぎると、古田さんのようにいつしか事業の拡大が目的化してサービス品質が劣化し、長続きできなくなる可能性が生じます。楽しみながら好きな仕事と長く付き合っていけることを第一に考えるべきです。

価値軸3 社会に貢献

人の役に立つことをしたい、少しでも世の中をよくするために貢献したい……。人生の後半戦に向けて、そんな思いを抱いている人も多いことでしょう。「社会に貢献する」という価値軸の先には、自分が生きた証にも似た大きな充実感が待っているはずです。

社会に貢献

ギブ&テイクで言うならば、「ギブ」のほうが大きい人生を歩みたかった

60歳からアジアの辺境に飛び込み、学校建設と国際交流に奔走する

ケース1

谷川 洋さん(74歳)

認定NPO法人
アジア教育友好協会 理事長

商社・丸紅を定年退職したのを機に、アジア教育友好協会を立ち上げた谷川洋さん。第二の人生の名刺には、「アジアの山岳少数民族のための学校建設・日本の学校との国際交流」という文言が添えられている。ボランティアとも教育とも縁がなかった谷川さんを導き、走らせてきたのは「社会に恩返しをしたい」という強い思いだ。事業開始以来、13年間で建設した学校は272校。現場主義を貫き、自ら足を運んだアジアの村は1000カ所以上におよぶ。今も商社員時代と変わらぬ〝猛烈ぶり〟で、谷川さんは日々を存分に生き抜いている。

「世のため人のため。いつか何かしなきゃ」。この思いは、ずっと胸の奥にあったんです。というのも私、5歳の時に福井大地震に遭いましてね。私と次兄は全壊した自宅の下敷きになり、死んでもおかしくなかったのですが……奇跡的に助かった。いわば生き残り。

中学生の頃だったか、これを天命だと受け止めた私たち兄弟は、「大人になったら必ず人の役に立とうや」と誓い合ったのです。その後、兄貴は地元で医者に、私は東京に出て企業戦士になった。兄貴は約束を守ったわけですが、私にはどこか「直接人の役に立てていない」という引け目があったんですよ。

リタイア後の人生に本気で向き合ったのは56歳になる直前、妻をガンで亡くした時です。4年間の闘病生活の末でした。実は妻の病気がわかった頃、私は海外駐在の打診を受けていたのですが、病床の妻を置いて行けるわけもなく、辞退したんですね。迷いはなかったものの、商社員として出世コースからドロップアウトしたのは確かで、悔しくなかったと言えば嘘になります。出世を捨てて必死に看病した挙げ句がこれか……妻を亡くした時は、まさに失意のどん底にありました。

「子どもたちをお願いね」と託された私は、彼女の無念を抱きながら「定年まで4年、あと一息頑張ろう」と。ただ、問題はその先です。60歳になれば息子3人は社会人として巣立っていき、私は独りで定年を迎えることになる。人生の切り替え時が来たと思いました。

もともと「中2階の人生は歩かない」と決めてはいたんです。定年後の数年間は系列会社への出向など、ひとまず道をつなぐ手があるかもしれません。でも、そういう機会を得たところで、自分の力を十分に発揮できるだろうか？　私が絶対にイヤだったのは"おんぶ人生"。ギブ＆テイクで言うならば、ギブのほうが大きい人生を歩みたいと考えていたのです。だから定年後は宮仕えを辞めて、思い切った人生転換を図りたかった。

とはいえ、私はさしたる技術もない普通の企業ＯＢですから、起業するにしても企画会社か経営コンサルティングか……頭に浮かんだのはそれぐらい。ただ一方で、心に大きくふくらんでいたのは兄貴との誓いで、社会貢献性の高い仕事をしたいという思いでした。一時は、福井に帰って町会議員に立候補し、地域のために働こうとも考えていたんですよ。

運命的に出合った「第二の人生の扉」

そんなところに降って湧いたのが、アジアで学校づくりをするという話でした。入り口となったのは、日本財団に転職していた商社時代の後輩から相談を受けたことです。彼は、貧困から抜け出せない地域に学校をつくる教育支援事業を担当していたのですが、せっかく助成金を出しても「数年後には、学校として機能しなくなっているケースが多すぎる」という問題意識を持っていました。そこで、「ちゃんと生きる学校づくりを考え、一緒に取り組んでくれる人を知りませんか？」という相談をしてきたわけです。

聞けば、人材に求める条件は「英語力」「困難に屈しない強さ」「教育への情熱」の3つ。聞くや否や、迷わず手を挙げました。「俺がいるじゃないか」って（笑）。条件の2つ目までは商社時代の経験を活かせると思ったし、教育に関しては未経験だったものの、実は両親とも学校の先生をしていたので、遠からず縁がある。これぞ天命！ですよ。運命的なものを感じました。直接的なきっかけは人から与えられたものでしたが、それはきっと、使命を見つけたいという私の思いが引き寄せたチャンスだったと思います。

それからはもう急展開です。定年退職してすぐにアジア教育友好協会（以下ＡＥＦＡ）を設立。自宅の離れを事務所にしてスタートしましたが、さて、どこから手をつけていいのやら……。まずは勉強と、日本財団に紹介してもらったＮＰＯやＮＧＯを訪ね、運営ノウハウを教わるところからです。そして、数カ月間かけてタイ、ベトナム、ラオスなどを現地調査して回りました。自腹でしたけど、他の団体がつくった学校や、今後、支援の候補地になりそうな地域をどうしても自分の目で見ておきたかったので。

かつ、並行して「学校つくっておしまい」ではない、しかるべき理念と仕組みを考える必要がありました。いい企画を立てなければ、日本財団に助成申請したところで通りませんから。必死の準備期間でしたが、団体を設立した半年後には初年度8校分の助成金が出ることが決まり、この時はほっとしましたねぇ。息子たちもすごく喜んでくれました。今思えば、妻を亡くしたあとの私の老後生活が無気力になることを心配していたのでしょう。

支援する側、支援される側。共に〝参加型〟を貫く

活動の柱にしているのは「学校建設」「住民参加」「国際交流」、この3つ。校舎だけつくっても学校とは言えないわけで、育て、以降も見守っていく仕組みを確立したいと考えました。これまで多くの学校建設支援が、支援する側にとっては「金の出しっぱなし」、支援される側は「つくってもらいっぱなし」になっていたから、同じ轍は踏むまいと。

ですが、始めた頃はこちらの理念がなかなか通じなくて大変でした。パートナーとなる現地のNGOは従前の受け身型支援に慣れているから、私たちが求める参加型に面倒を感じるわけです。学校づくりにおいては、まずは村人集会を開いて「なぜ学校が必要なのか」「あなたたちはどういう参加をしてくれるの？」といった確認から始め、実際、土地の造成や資材運びなど、できることは参加してもらうよう促しますから。

確かに面倒かもしれませんが、パッションとアクションを引き出すことでできた学校は村の精神的な支柱になります。学校を大切にし、発展させる力が生まれます。時間はかかったけれど、それが本当の意味で子どもたちや村のためになるという〝手触り感〟を共有できるようになったの

は、ＡＥＦＡの一つの成果ですし、本当に嬉しいですよね。

参加型にこだわっているのはドナー（支援者）に対しても同じで、「金の出しっぱなし」にならないよう、寄付をいただく前にはきちんとお話を聞きますし、私たちは、学校をつくったあとも必ず経過を報告するようにしています。また、同じ金銭的な支援にしても、例えば、先生になりたいという生徒の夢を叶える奨学金や、現地の先生たちに向けた研修費用などのように、ハード面だけでなくソフト面への支援にも力を入れているところです。

すべてを新しく創出する楽しさが、不安やリスクを超える力に

国際支援活動をしている団体はたくさんあるでしょう。そのなかで、果たして生き残っていけるだろうか――不安はつきまとうものです。続けるためには、他にない特徴や付加価値を創出しなければなりません。支援者を確保するために、そして意義を感じてもらうために、何か新しいアイデアはないかといつも頭はパンパン。けっこうしんどい。でも、やめようと思ったことは一度もないんですよ。

思えば、大事にしている現場主義は商社員時代からの習慣で苦にならないし、「スッポンの谷」の異名を持つ私は、どうやら知らぬ間に人を巻き込んでいるようで（笑）。商社員時代に懸命にやってきたこと、身につけたビジネススキルが、実は下支えになっているんですね。そこにすべ

てを新しく創出する楽しさが加わっているから、どんなにしんどくても、リスクがあっても、超えられているように思います。

達成感があるのも間違いありません。学校をいくつつくったかではなく、「人を変えられる、育てられる」という実感みたいなもの。学校を建設して数年経つと、学校の持つ求心力で点在していた集落が村としてまとまっていたり、現地のNGOや子どもたちも「こんなに」と思うほど成長していたり。日本では、国際交流の一環として、アジアの山岳地域で暮らす子どもたちの姿を伝える出前授業をやっていますが、その機会を通じて、子どもはもちろんのこと、先生や親御さんの意識変化を感じることも多々あります。成長や喜びを共有する幅が広がる感覚、これはいいですよ。もっともっと広げたいから、少なくともあと10年、85歳までは活動を続けるつもりです。

第二の人生に足を踏み入れてから気づいたことがあります。長年の会社員生活で自分と一体化してしまった鎧兜は脱ぎ捨てなければいけないということ。得たスキルや得意なことは活かすべきだけれど、過去の業績や立場にしがみついていては新しい挑戦はできません。私は鎧兜を脱ぎ捨てたからこそ、まったく新しい人生をまったく新しい仲間と拓くことができた。よもや自分が、アジア山岳地域で暮らす人たちとつながるとは、そしてこんなにワクワクする日々を迎えようとは……本当にわからないものです。一歩〝外〟へ踏み出せば、どんなかたちであれ、必ず新しい扉は見えてくると思いますね。

Personal Data

▶
息子3人は独立して孫も4人。1年のうち約9カ月は東京で一人暮らし。残りはアジア各地で過ごす
▶商社時代は終電帰りが常の“仕事漬け”生活。現在も朝6時起床で忙しさは変わらない
退職してから年収は4分の1程度に。ボランティア・ベースではあるが、生活基盤に不安はない
すべてを自分で判断できる。責任は重いが、満足感や達成感は大きい
会社員時代に溜め込んだ名刺は、62歳の時全部処分した。支援者や現地NGOなど、国内外問わずの新しい出会いが楽しい。素晴しい仲間に恵まれたおかげでAEFAは発展継続している
▶
堀口大學「奥ゆかしき岩清水」。人々の足下を深く流れて社会を潤す、岩清水のような人間でありたい
▶
2020年までに学校建設数を累計300校に。「熱血先生」を育てること。日本の母親教育。熟年・老年世代の生きがいを創出するプロジェクトの立ち上げ

たにかわ・ひろし
1943年、福井県生まれ。大学卒業後、丸紅に入社。経営企画や新規事業推進、鉄鋼輸出などに携わる。関係会社の役員を経て、2004年に定年退職。同年、アジア教育友好協会を設立（07年NPO法人化）、理事長に就任する。主にアジアの山岳少数民族のために建設した小・中学校は272校（18年5月現在）。日本の小・中学生との交流プロジェクトも進めるなど、継続的な国際支援・運営に尽力している。著書に『奔走老人　あなたの村に学校をつくらせてください』（ポプラ社）がある。

谷川さんのライフシフトのポイント

◆幼い頃からの思いに蓋をしない

幼いころの強烈な経験が、生涯にわたって人生に大きな影響を与えることがある。谷川さんにとっての福井大地震がそれだ。からくも生き延びた谷川さんは、兄と「大人になったら人の役に立とう」と約束する。その思いが、ライフシフトのベースにあった。

◆出世よりも大切なことを選ぶ

ガンで闘病中の妻を看病するため、出世ルートである海外駐在を断念。悔しかったというが、妻の無念を受け止め、遺言を全うするプロセスの中で、定年後は社会に役立つことで自分の力を発揮しようとの思いを固めた。こうして“使命”ともいえる仕事を引き寄せた。

◆鎧を脱いで現場に足を運んで学ぶ

まったくの未経験であるNPO経営、学校設立という分野。谷川さんは、現場主義で多くのNPOを訪問し、数カ月かけてアジア各国を自腹で回って調査した。会社員時代の名刺もすべて処分。鎧を脱いで一から学び直したからこそ、現在の充実した活動ができている。

社会に
貢献

会社人間を卒業し心にゆとりができて初めてわかった「次にやるべきこと」

ゴルフ仲間と共に69歳でNPOを設立し、地元・笠間市の活性化に尽力

撮影／刑部友康

ケース2

塙 茂さん（76歳）

特定非営利法人グラウンドワーク笠間
理事長

従業員数200人を超える会社の経営者も経験し、リタイアした後はゴルフ三昧、海外旅行三昧。そうやってシニアライフを満喫していた塙茂さんが、「過去の経験はリセット」して、その先の人生をボランティア活動に捧げる決断をしたのは、69歳になってから。「人生の最後は、自分以外の人のために汗をかきたい」。同じ志を持つシニアが集まり、地元・茨城県笠間市の活性化に取り組んでいる。「NPO法人グラウンドワーク笠間」のスタートから6年、塙さんの仲間たちは、着実に増えつつある。

ずいぶん長い間、仕事一筋の人間だったんです。高校出の私が、運良く日立工機という大きな会社に就職でき、昇進もして、管理職のポストに就くことができました。会社員時代は、家族の生活を守るため、人よりも早く偉くなりたい、認められたいと社業に全力投球していましたね。会社員生活に不満はありませんでしたが、57歳で退職したのは、いくつか理由があります。例えば、当時の早期退職制度がずいぶんと優遇されていて、これだけお金がもらえるなら辞めてもいいかと（笑）。私のポストの後進も育っていました。加えて、山形県に3年間、単身赴任をしていたので、そろそろ家庭生活を優先させたかった。それからは毎日が日曜日です。仕事のために犠牲にしてきたプライベートの時間を取り返そうと、妻と二人、旅行にゴルフにとエンジョイしました。ヨーロッパ、アメリカ、オーストラリアと、世界中の名コースを回りましたよ。

でもやっぱり、どこか不完全燃焼の感がありました。仕事をやりきったという充実感、達成感がなかった。それで早期退職の約1年後、ゴルフ仲間から紹介された、地元・茨城のＩＴ企業に管理部長のポストで再就職したのです。結果的に、社員２００人を超える子会社の社長まで経験させてもらいました。でも最後は、リーマンショックによる業績悪化の責任をとるかたちで社長を退任することに。断腸の思いでリストラも断行。ダメダメ社長でしたね。

二度目のリタイアをしたのは66歳です。今度は完全燃焼していましたから、何をするかといったら、また旅行とゴルフ三昧の日々（笑）。でも、遊び中心の生活をしているうちに、少しずつ心境が変わってきたんです。昔のテレビCMに「人は遊んだ数に比例して心が優しくなれる」、そんなフレーズがありました。実際、そうなんですね。私のように仕事ばかりの人生を送った人間は、きっと心に余裕がないんでしょう。でも十分に遊ぶと心が満たされて、次にやるべきことが見えてくる。やるべきことが見えてこないのは、きっとまだ、遊び足りないんですよ。

実は50歳を過ぎた頃から、「地域に貢献する」可能性を考えていました。企業利益を追求する幸せよりも、地元笠間のため、次世代のために何か恩返しをしていきたいという気持ちが強くなってきたのです。それもあって、笠間の市長にお願いして、「行財政改革推進委員」と「事業仕訳評価員」の役割をもらい、笠間市のためにいろんな提案もしていました。

こうした活動を通じて、私が見つけたこれからやるべきこと、それは地元のために無償の汗を流す社会貢献活動でした。定年退職した地元のゴルフ仲間3人と話しているうちに「遊んでばかりいないで、そろそろ社会貢献をしよう」と意気投合。私自身は、その半年程前に個人的興味から「NPO法人グラウンドワーク三島」で約1週間、インキュベーションセミナーを受講していたんですね。そこで勉強したことを地元の笠間でかたちにしたい、人生の最期は生まれ故郷に恩返しを、と考えるように。そして、2012年、69歳の時に「NPO法人グラウンドワーク笠間」を立ち上げました。ご存じかどうか、茨城県は都府県の魅力度ランキングでビリ。でも、笠間市は農業が盛ん、陶器の笠間焼は有名、笠間稲荷神社は日本の三大稲荷の一つ、魅力的な観光資源に恵まれています。「笠間は、本当にいいまちだ」と思って私は生きてきたんです。

私たちがやろうとしているのは、私たちシニアが集まって地域貢献のために活動する、その受け皿づくりです。最初にかたちにしたのは、コミュニティカフェでした。2013年に、シニアが集まって経営する「グランパとグランマのお店」をオープンして、地産地消にこだわったメニューを提供しています。カフェのいち押しは「マロンポーク（栗豚）」を使ったロースカツ、メンチカツ、コロッケなどのメニューです。笠間は日本一の栗の産地。その栗を食べさせた豚の肉は、柔らかくて甘くて、美味しいんですよ。

会社は「最短距離」、NPOは「遠回り」で進んでいく

グランパとグランマのお店をNPOの拠点とし、地域を盛り上げる様々な活動を行っています。例えば、農業の6次産業化や、学童の通学見守り活動、地域のスポーツチームの支援、笠間芸術の森公園にあるインフォメーションセンターの指定管理業務などです。グランパとグランマの店舗がある「笠間民芸の里」という商業施設の活性化にも取り組んでいます。空き店舗の目立っていたこの場所（全25店舗）を私たちが買い取り、賑わいを創出するとともに「創業支援施設」として貸し出していました。2018年7月には全国組織「まちの駅」に加盟し、近々リニューアルオープンする予定です。また、子どもたちのための「家でも学校でもない第3の居場所づくり」

も進めています。今、貧困家庭が問題になっていますが、日本財団の補助金を受けて、学童保育と子ども食堂を兼ねた施設をつくりたいのです。それから、お金はあっても孤独な時間を過ごしていたり、免許がなくて移動に困っている高齢者の支援にも、取り組んでいく予定です。しかし、やりたいことがたくさんありすぎて、ちょっと焦っています（笑）。

こうした各種の活動は、基本的にNPOのメンバー全員で議論しながら、方向性を決めています。我々シニアは経験があるぶん、いろんな心配事を思いついてしまうのですが、そこで立ち止まるのではなくて、問題解決のためにはどうすべきなのか具体的に考えるようにしています。新しい事業を企画し、動かしていくところに、私が会社員時代に培ったビジネスの手腕が生きているのは確かです。しかし、NPOは営利企業ではない、ということを、いつも意識する必要があります。同じ志を持つシニアが、上司も部下もなく集まっているだけ。私の肩書は理事長ですが、野球の守備位置みたいなもの。だから、上意下達で人を動かすことはできないわけです。また「笠間のために貢献したい」という思いは同じでも、「週に1度、カフェを手伝えれば」というメンバーもいれば、「もっと積極的に活動したい」というメンバーもいます。ボランティア活動に参加するシニアの思いは様々なんです。

何かを決める時は丁寧な合意形成を心がけています。時には時間がかかることもある。会社なら〝最短距離〟を進むところ、NPOは〝遠回り〟をしないといけない。それも「社会貢献活動」

の本質だと思います。スピードや効率よりも、同じゴールにできるだけ多くの人数で向かうことのほうが大切なのです。正直に言うと、最初からそういう考えで運営してきたわけではありません。私には会社経営者の経験がありましたので、スタート時は、効率優先のやり方でＮＰＯを運営しようとしました。こうしないと収益が上がらない、こうしたほうが早いとトップダウンでやったら、メンバーから総スカン（笑）。傲慢だ、自分本位だと。そこで、過去の経験はリセット。あらためて、いちからスタートして、みなと一緒に今のかたちをつくり上げたんです。

「高齢者の品格」があれば、第二の人生の過ごし方は決まる

私自身、笠間に貢献しているという手応えの他に、理事長として、こうしてお話をして、評価される満足もあります。最近は、メディアの取材や講演依頼も多くなってきました。時には「真似したいので、見学させてください」と連絡をくださる方も。そんな時は、私たちの活動を認めてもらえたようで、本当に嬉しいですね。現在、賛助会員を含めた会員数は88人。そのうち実際に汗を流すメンバーは30人ほど。もっともっと仲間を増やしたいと思っています。組織の収益体質も強化して、そして、できるだけ早く若い人にバトンタッチしたい。私も76歳になりました。あと3～4年のうちにとバトンタッチしたいと思って動いていますよ。格好つけて言うなら、寝ている時間以外はずっとＮＰＯのことを考えています。まあ、ゴルフだけは最低限のペースで続け

ていますが（笑）。

自戒を込めて言いますが、69歳になってようやく社会貢献に目覚めた、というのは情けないこと。今は「プロボノ」の時代で、仕事で培った力をボランティアに活かしている若者も多いですよね。私たちが現役の頃、そのような考えはほとんどありませんでした。本当は、リタイアする少しでも前の段階から、自分以外の人のために汗をかくことを学んでおくべきだと思います。私にとって、第一の人生は仕事が最優先で、人より認められて早く偉くなりたい、という自己実現のためにありました。第二の人生は、年金生活。やっと楽しい人生が始まったと思いましたが、それは自分と妻の、たった2人が幸せになるだけ。どうしてそんな生活ができるかと考えてみたら、年金も含めて若い方々が支えてくれているからなんですよね。私たちも、若い頃は先輩方の年金を支えた。そして今度は自分たちが若者に支えてもらっている。その事実を、忘れてはいけない。そういう謙虚な気持ちを持って、身の丈の範囲で少しでも社会貢献することが、高齢者の品格なのだと私は思います。若い人たちに、いくつになっても輝いて頑張っている後ろ姿を見せることも、高齢者の責務。高齢者の品格があれば、おのずと、第二の人生の過ごし方が決まってきます。自分の幸せを追いかけるだけの人生で終わるのだとしたら、それって地球に生まれた価値がありますか。老後生活の10％でもいいから、自分以外の人のために汗をかいてから人生を終わりにしませんか。そう言って、仲間を増やしているところなんです（笑）。

Personal Data

▶**住まい・家族構成**

妻と、息子２人。孫が２人いる。茨城県笠間市で、長男夫婦との３世代同居。妻もNPOに参画している

▶**ライフシフト前後の変化**

【時間の使い方】高度経済成長期の渦中にあって多忙だった。現在も、グランパとグランマのお店に週１回ペースで立つほか、渉外活動に忙しい

【収入】現状は報酬ゼロ。年金を受けているので生活は問題ない。NPOのスタッフも報酬は雀の涙程度。メンバーに「働いた時間×最低時間給」くらいはきちんと支払えるような経営基盤の確立が急務

【仕事のやりがい】会社員時代もやりがいがあったが、現在は自分以外の人のために無償の汗を流していること、周囲からの評価の大きさがやりがいの源泉に

【人間関係】会社員時代の仲間はたまにゴルフに行くくらい。地元の友人をNPOに勧誘しまくっている

▶**座右の銘**

「スタートしなければゴールなし」

▶**これからチャレンジしたいこと**

新しい事業を軌道に乗せること。グラウンドワーク笠間の活動の横への展開と次世代への継承

はなわ・しげる

1942年、茨城県生まれ。高校卒業後、日立工機に就職。資材調達部のバイヤーなどを務める。57歳で早期退職。1年間は海外旅行やゴルフを楽しんだが、地元IT企業に再就職。管理部長、常務取締役、子会社社長などのポストを歴任した。再びリタイアした後、地域貢献活動に目覚める。2012年、地元の仲間と共にNPO法人グラウンドワーク笠間を設立。コミュニティカフェの運営など、「笠間のため」の活動を続けている。

塙さんのライフシフトのポイント

◆十分に遊んで心にゆとりを持つ

仕事だけでなく遊びも十分やり切ることで、気持ちに余裕が生まれ、次にやるべきことが見えてくるもの。旅行とゴルフ三昧の日々を送った塙さんは、「地域に貢献したい」という心境が芽生えた。そして、仲間と「遊んでばかりいないで社会貢献しよう」と意気投合する。

◆民間企業とは異なるNPOの経営手法を学ぶ

地域貢献活動のためにNPOを設立するが、ボランティア活動に参加するメンバーの思いは人それぞれで丁寧な合意形成が不可欠。最短距離を進む企業とは異なり、遠回りが必要。そんな社会貢献活動の本質をつかみ、過去の経験をリセットしNPOの経営手法を学んだ。

◆高齢者の品格を悟り、恩返し人生を選ぶ

年金生活という楽しい“第二の人生”が始まったと思ったが、その生活は若い世代が支えてくれている。その事実に謙虚に目を向け、少しでも社会貢献をすることが高齢者の品格と自覚。自ずと、自分の幸せを追いかけるだけではなく、恩返しする第二の人生を選んだ。

社会に
貢献

「長年のこだわり」を捨てたら、人生の新たな道が見つかった

40年近く続けた技術職を離れ、63歳で介護という未知の世界へ

ケース3

伊藤治雄さん（74歳）

株式会社カスタムメディカル研究所
グループホーム「アカシヤの家」
介護職員

電子部品関連の研究開発に、約35年携わった伊藤治雄さん。定年間際、「会社に貢献できる仕事を」と助成金事業に挑戦するも、企画倒れに……。消沈のまま同業に転職したが、突き付けられたのは「電子部品の仕事は諦めるしかない」という現実。それならいっそ、全く未知の仕事を経験しようと、飛び込んだのが介護の世界だった。自分にできることを探し、持ち前の〝研究意欲〟を発揮したおかげで、新たな居場所が生まれた。そして74歳の今、介護職員歴12年目を迎えようとしている。

私の最終学歴は、大阪大学基礎工学部物性物理工学科です。主に人工ダイヤモンドの合成や、その使い道の研究などをしていました。永宮健夫先生、川井直人先生といった日本有数の物理学者から学ぶことが楽しくて仕方なく、本当に素晴らしい時間を過ごしていたと今でも思います。私が卒業を控えた頃、世の中で産学連携が盛んになり始めていましてね。卒業後、会社に就職した後も、大学での研究を続けられる制度がありました。私もある電子部品メーカーの研究者として採用され、そのまま大学で2年間研究を続けました。会社に戻ってから配属されたのは、新設された第2開発部。大手総合電機メーカーなどに納める電子部品を開発する部署の研究職です。私にとっては願ってもない最高の〝会社人生〟のスタートでした。

ところが29歳の時、企画室へ異動。〝自分の飯の種は自分で探せ〟という方針の部署で、販路開拓も考えねばならず、研究だけに没頭できる環境ではなくなったわけです。会社の上のほうからは、「お前たちの研究に大金をかけているが、結果はいつ出るんだ！」なんて。「こんちくしょう！」と思ったものの、自分たちがつくる製品を愛していたし、大学で研究を続けさせてもらった恩もあったので、そのうちいつかと踏ん張っていたんです。それに様々な大学の研究室や学会などにルートができて、最先端の技術や情報に触れられるのはとても有意義でしたから。

ただ、家族からすると忌むべき典型的な〝会社人間〟ですよ。平日はほぼ終電で帰宅、休日は一人で勉強、たまの息抜きに水泳、この繰り返しでしたから。ある時、データ整理の仕事を自宅に持ち帰って妻に手伝ってもらったところ、作業途中にプイッと無言のまま部屋を出ていってしまった。不満の表れ、我慢の限界だったのでしょう。何も語らない妻の、いらだちや寂しさを思いやることもできない夫だったと、今も思い出すたび後悔しきりです。

〝会社人生〟に終止符が。電子部品研究開発への思いもついえた

そして今度は、50代半ばで、R＆D統括室という7人ほどの部署へ異動。業務は企画室とほぼ同じですが、経営方針が変わり、部署の規模が縮小されたかたちでした。この会社の定年は60歳でしたが、結局1年の定年延長で61歳まで勤めました。なぜなら、自分たちの力で研究費をなんとか獲得しようと、私が中心となって通産省（当時）の外郭団体の助成金公募に取り組んでいたからです。しかし、結果は不採用……。時間も労力もさんざん費やしていたため、ガックリと力が抜けました。また、役員から「もう会社に来なくていい」とやんわり言われ、「ここにもう居場所はないいな」と。それで、35年ほど勤めた会社とさよならです。必死に勉強し、駆けずり回って、恩ある会社に尽くしたつもりでしたが、そんな最後でした。

しかし、長年続けてきた電子部品の仕事とは離れがたく、退職後、同期入社の友人が起こした会社に転職します。電子部品を扱ってはいましたが、そこのビジネスモデルは価格勝負のスタイル。海外の工場でつくられる製品は、〝技術屋〟の私が見る限り精度が今ひとつ。不良在庫品がた

まっていくのを見ているのはつらかったですね。私なりに会社の役に立とうと新技術の権利化などに取り組みましたが、良い方向に変わる気配はなく、結局1年と数カ月で辞めました。電子部品の研究開発や製品にかける思いは誰にも負けないと思っていたし、まだまだやれる！と、信じていたんです。でも、仕事に誇りを持てず、技術力が高められる環境でないと、情熱は続かないんですね。ましてや電子部品の仕事は、〝ヒト・モノ（設備）・カネ〟の三拍子が必要で、一人で続けることはできません。自分なりに最後の悪あがきもしましたし、限界までやり尽くした感はあった。退職したその日は、晴れ晴れとした気持ちになっていました。

やっと〝こだわり〟を手放した時、新たな道が拓けた

その会社を、何のあてもなく辞めた時の年齢は63歳。年金の支給開始は3年先でしたし、気力体力は十分だったので、なんでもいいから働きたいとは思っていました。「電子部品の仕事以外したことがない私を雇ってくれる会社があるのだろうか」。そんな不安を、妻にポツポツ話していたんです。妻は多趣味でアクティブ。一方、私の趣味は勉強と水泳だけ。私が文字どおり〝濡れ落ち葉〟になるのは、〝ゴメンだったのでしょう（笑）。そして、彼女は知人のつてを頼りに、退職から2週間も経たないうちに、今の職場である認知症高齢者のためのグループホームの仕事を紹介してくれました。それにしても介護職員とは……。全くの想定外で知識もゼロでしたが、電子部

品以外はすべての仕事が未経験という条件は同じ。「ダメでもともと。とにかく挑戦してみよう！」と、頭を切り替えました。数日後、施設のホーム長から連絡をもらい、時間がなくて顔写真をまだ貼っていない履歴書を持参して、面接を受けたんです。

会社員時代は、料理や洗濯などの家事はすべて妻任せでしょう。ホームで必要となるそうした基本的な仕事はやったことがないと、正直に話しました。でも、私は運が良かった。ちょうどお盆の前で、介護職員の多くが夏の休暇を取ることもあって人手が必要だったようです。結果、パート職員として採用してもらうことになりました。もちろん不安だらけでしたけど、自分が必要とされている場所があった――それだけですごく嬉しかったですね。

介護職員は20名ほどで、年代は20代～70代まで様々です。仕事の内容は、利用者さんの食事をつくったり、入浴介助や排泄介助をしたり、口腔ケアのお手伝いなどをしたり。それらの慣れない作業や利用者さんとの接し方に苦労したことも、当然ですがたくさんあります。しかし、ホーム長をはじめ職場の仲間が丁寧にフォローしてくれたおかげで、右も左もわからなかった私も、少しずつですが仕事に慣れていくことができました。

介護職員の経験は浅くても、「私なりにできることで利用者さんや職員の皆さんの役に立ちたい」と働き始めた時からずっと考えていたので、何か貢献できることはないかと、常に探していました。前職のお話をしたとおり、私は機械だったらお手の物。操作方法が難しくて難儀していた入浴補助機械について、メーカー側に仕組みなどを詳しく聞いて勉強しました。そして、扱い方をわかりやすく職員のみなさんにお教えしたんです。そんな貢献の発見も今の仕事のやりがいです。

変化を素直に受け入れ、自分にできることを見つけていく喜び

介護の仕事は、体で覚えることも、頭で覚えることもすべて新鮮です。歳をとっても新しい知識や経験をぐんぐん吸収できることが、楽しいですね。結局、私は〝学び好き〟なのでしょう。口腔ケア学会や医学系の公開講座に出たり、介護や認知症に関する書籍を読んだり、情報収集は欠かしません。今の仕事に必要なことを学び、利用者さんや職員のみなさんに、いろんなかたちで還元していくことを目標にしています。また、ホーム長や仲間が私の得意なことや長所を見つけてくれて、利用者さんのレクリエーションを任せてもらっています。昔流行った歌謡曲を合唱したり、医学的な裏付けを検証しながら独自に考案した体操で、体を動かしてもらったり。74歳にして、多くの利用者さんから〝体操のお兄さん〟と呼ばれ、親しんでもらえるようになりました。歌は、声を出すことで口周りの筋肉をほぐし、飲食時の誤飲を防ぐ助けになります。体操は、凝り固まってしまった筋肉をほぐし、体力を維持する助けになります。そして私が何より大切にしているのが、そうしたレクリエーションの時間を通して、利用者さんたちの〝生きる意欲〟を少しでも引き上げたい、ということです。利用者さんは私より高齢の方がほとんどですが、特に男

性の利用者さんと接している時、「ここに来るのが本当はつらいんじゃないかな」と感じることがあります。心から楽しいと思える時間があって、頑張ろう！といった意欲が持てないと、人間は体も心も弱っていくと思うのです。だからこそ、これからもさらに勉強して、少しでも利用者の皆さんの元気を増やせるよう、レクリエーションの内容を改良しながら続けています。

介護の世界に飛び込んで、もう10年以上。きっかけをつくってくれた妻も、こんなに続くと思っていなかったようですが、メリハリのある生活ができているので安心しているようです。ここまで続けてこられた理由ですか？　正直わかりません。ただ、利用者さんも仕事仲間も〝まっすぐ〟な人たちばかりなので、私も自然と自分をさらけだすようになりました。できないことやわからないことを素直に聞く、失敗を恐れず挑戦してみる、肩肘張らずに仕事をする——飾らずに働けているから仕事のストレスはほとんどないです。職場の考え方やスタイルになじむことを大事にしていれば、周囲も自然と認めてくれて、どんな分野であっても自分の居場所ができていく。そんな当たり前のことを、この年になって学んだ気がします。

私も、もうすぐ後期高齢者の仲間入りです。実は最近、膝が弱ってきて、利用者さんの体や気持ちが、より身近に感じられるようになってきました。でも、介護の分野で学びたい、実践したいと思うことはまだまだたくさん。人生１００年といわれる今、どこまでやれるかわかりませんが、一人でも多くの関係者に貢献できるよう、できるだけ学び、長く働き続けたいですね。

Personal Data

▶住まい・家族構成

妻（64歳）と孫娘（20歳）の3人暮らし。2人の子どもはすでに独立

▶ライフシフト前後の変化

【時間の使い方】 会社員時代は毎日ほぼ終電、休日は一人で水泳や工学関係の勉強という生活。現在は土日を含む週5日のフルタイム勤務で休日は介護の勉強だが、妻のフラダンスの発表会を見に行くことも

【収入】 現在の月収は10万～15万円。介護に関する書籍代など、“自分のために遣う分”を賄っている

【仕事のやりがい】 未経験だからこそ、まっさらな知識や情報が吸収できることが喜び

【人間関係】 もともと一人で勉強する時間が多かったので、人間関係は以前とさほど変化はない

▶座右の銘

体操の時間、心の支えにしているのは梅沢富美男さんの言葉。「毎日同じ芸を行い、気持ちを伝えられるのは、その時その時に全力を出して演じた時」

▶これからチャレンジしたいこと

勉強を続けながら、嚥下機能などの向上につながるレクリエーションも考案したい

いとう・はるお

1943年、茨城県生まれ。神奈川県在住。大阪大学基礎工学部物性物理工学科卒業後、電子部品の中堅専業メーカーで、研究開発、開発企画、R＆D統括業務に携わる。2004年に60歳の定年を迎え、定年延長で1年間継続勤務。05年に退職後、友人が経営する電子部品メーカーに転職。単身赴任をしながら勤めたが、1年と少しで退職。06年、妻の紹介で、神奈川県内の認知症対応型共同生活介護のグループホーム「アカシヤの家」に転職。介護職員として、パート勤務している。

伊藤さんのライフシフトのポイント

◆こだわりを捨てる

一つの分野にこだわって取り組んできた人が、そのこだわりを捨てた途端、周囲には新たに取り組んでいける世界が広がる。伊藤さんには、介護職員になるチャンスが訪れた。「ダメでもともと」と飛び込んだことで、自分が必要とされる世界を見つけることができた。

◆「学び好き」を活かす

新しい分野は、当然未経験。学び直しが必要となる。伊藤さんは根っからの“学び好き”が幸いし、介護の仕事に必要なスキルや知識をぐんぐん吸収していった。さらに、体操を独自に考案するまでの研究熱心さを発揮。自分らしい「介護」の仕事のかたちをつくった。

◆貢献心と謙虚な気持ち

周囲のフォローにより仕事に慣れていったこともあって「自分なりにできることで役に立ちたい」との謙虚な思いが常にあった。そこで、前職の経験を活かし、機械の扱い方を調べて教えるなどして貢献。“まっすぐ”な周囲の人と呼応し、自らの居場所をつくっている。

取材協力／株式会社リクルートジョブズ

【社会に貢献】

まとめ

介護・福祉、地域社会への貢献が身近な分野。社会起業やボランティアの道も

「自分の幸せを追いかけるだけの人生で終わるのだとしたら、生まれた価値がありますか」。塙さんのこの言葉に深くうなずいた人も多いことでしょう。人生の後半戦に向けて、誰かの役に立つこと、少しでも世の中を良くする仕事に取り組むことは、自身の人生をより価値ある充実したものとして実感することにつながるはずです。

「社会貢献」といっても、その分野は豊富にあります。どんな仕事も何らか誰かの役に立っているからこそ存在しているとも言えるからです。ただ社会貢献性が実感しやすい身近な分野としては、伊藤さんが飛び込んだ介護・福祉の分野や、塙さんが取り組んでいる地域社会が挙げられます。また谷川さんのように海外経験が豊富であれば、アジアを中心とする国際貢献の道もあるでしょう。

働き方としては、伊藤さんのように社会性の高い事業を行う会社や団体の職員になる、谷川さんと塙さんのようにNPOを立ち上げるといった方法があります。また次章の「手に職つけたい」で紹介する藤田さんは、福祉美容院を起業したケースです。最近シニア層の独立・起業は増えており、2012年の総務省の調査では独立・起業した人に占める65歳以上の割合は32.4%とこの30年間で4倍にも。その動機の上位3位は「経験を活かしたい」「社会の役に立つ仕事がしたい」「年齢や性別にかかわらず働きたい」となっています（※1）。これまでの経験を活かし、〝社会起業で生涯現役〟は、魅力的な選択肢といえそうです。

なおこの価値軸の難しさは収入面。収入を得る方法を別途考えながら、ボランティアや寄付といったかたちで貢献していく道もあります。まずは今の仕事を続けながら関心のある活動にボランティアで参加することから緩やかにライフシフトを始めてもよいでしょう。

※1　55歳以上の起業動機（2012年度『新規開業実態調査』／日本政策金融公庫総合研究所より）

価値軸4
手に職つけたい

これからの人生は、会社に縛られることなく、自分の力で、もっと自由に生きていきたい。そう願うのであれば、何か専門的な技術を身につけるという選択があります。何かを学ぶのに遅すぎるということはありません。人生１００年時代、時間はたっぷりあるのです。

手に職つけたい

会社員を続けながら通信教育で学び
56歳で美容師資格を取得

腕ではなく「心」でカット。超高齢社会に求められる「福祉美容」を広げたい

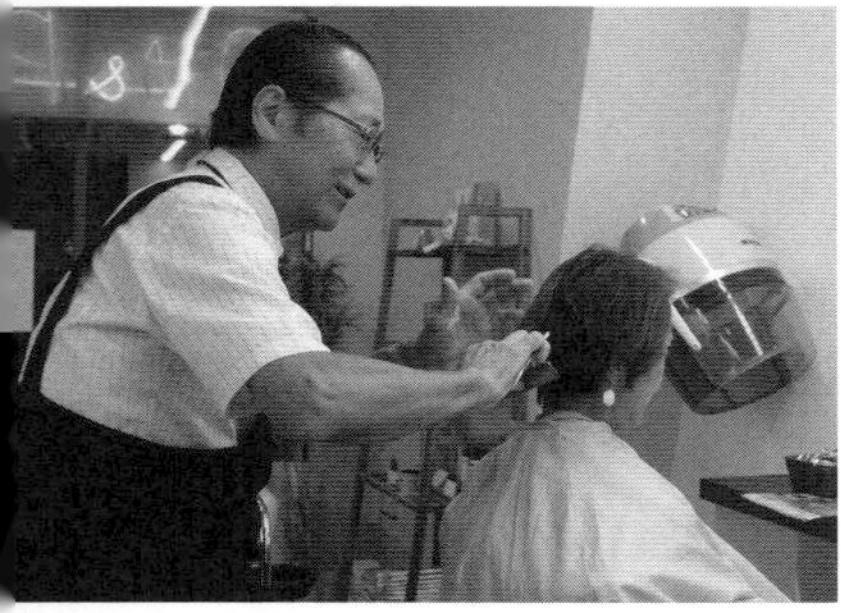

ケース1

藤田 巖さん（76歳）

株式会社福祉美容室
カットクリエイト21一代表取締役

大手企業に勤務しながら56歳で美容師免許を取得し、58歳の定年退職後、60歳で美容室を起業した藤田巖さん。以来17年、高齢者をターゲットとした「福祉美容」に特化し、店舗と訪問美容の2本柱で事業展開を続けている。経営者でありながら、時には営業もこなし、時にはハサミを手にしてお客さまのヘアカットも。そんな藤田さんの会社には、長男と長女が入社、経営のサポート役を務めている。高齢社会の我が国で、福祉美容のニーズは拡大の一途――藤田さんの仕事も年々忙しさが増しているようだ。

大学卒業後に就職した富士通で営業職に就きましたが、以来、自分の希望などとは無縁で、勤めている間はずっと、一所懸命、目の前の仕事に向き合ってきました。長い営業人生の中で印象深いのは、30代半ばに6年間駐在したブラジルの現地法人責任者を務めていた時代でしょうか。日本とは、季節も時間も真逆の国、サンバとサッカー、ラテン気質な人たち。言葉も通じない中、「コンピュータはあなたのビジネスに役立つし、私はそのための製品を提供できる」と、体当たりでアタックし続けました。

日本では通用していた、「富士通」のブランドはブラジルではまったく通じません。会社の名前でモノを売るのではなく、自分自身がマーケットに溶け込み、モノを売っていく。まさに徒手空拳の市場開拓。まあ、それなりの成果を上げることができたのは、私が人見知りしない性格で、アミーゴたちにすぐに溶け込めた、というのも大きかったかもしれませんけど（笑）。

ブラジルからの帰国後は国内営業畑を歩み、最後は営業推進部長を仰せつかりました。しかし、50代を目の前にした頃、第二の人生がちらちらと目に入るように。当時の富士通は管理職定年が58歳で、その後は嘱託として会社に残って数年勤務し、グループ会社や取引先などに再就職するのが一般的でした。どうせだったら、社長まで登り詰めてみたかったけど、周囲を見渡すと自分より優秀な人間はたくさん。自分の場合はやはり、定年退職後の人生を真剣に考えておくべきだと思うようになったのです。

嘱託やグループ会社への再就職は、結局、同じような仕事をするわけで、面白くない。これまでの仕事の延長線ではない何かを自分で開拓し、見つけて挑戦していきたい。そんな、私なりの「定年後の美学」を持つようになっていました。私がセカンドライフをスタートさせる58歳まで10年弱ある。まだまだ時間も体力も残っていると思っていましたしね。

会社員時代、マラソンにはまっていたんですよ。50代までホノルルマラソンに連続18回出場し、3時間40分というベストタイムもマーク。42・195キロはすごく長いし、つらい時間です。だけど、ゴールした時の達成感、やりがいは何物にも代えがたいものがある。リタイア後の仕事でも、同じような至福のひと時を味わいたい――その思いを叶えるべく、私は定年退職後に挑戦できる〝何か〟を探し始めたのです。

新聞記事に感銘を受け、美容師免許の取得に挑戦

その頃の私は、様々な業界が発行する専門新聞をチェックし、マーケティングのヒントを探すことを日課にしていました。そこで偶然目に留まったのが、美容業界の新聞記事です。ある病院に、こもりがちになって、歩くこともままならなくなっていた御婦人がいた。しかし、その方の髪を綺麗にカットしてあげたところすごく喜び、積極的に歩くようになり、周囲とのコミュニケーションも楽しめるようになった、ということを伝えていました。

その記事を読んで、美容にはこんな力があるんだ！と感銘を受けたのです。また、当時80代で病床にあった自分の母の姿も重なりました。母はすごくおしゃれで、美容室に行きたいと漏らしていました。私が進むべき道はこれだ！美容師になって、福祉の分野でお役に立てることを探してみよう。そう決意し、私は50歳の時に美容学校の門をたたいたのです。

会社勤めをしながらの資格取得です。通信教育を選択したので仕事には影響がありませんでしたが、年に2回、10日間の実技講習というスクーリングは必須。勤続30年のリフレッシュ休暇を活用するなど、何とかやりくりしてクリアしました。スクーリングでは、20歳前後の若者がひしめく中、50代のオジサンがぽつんと参加。最初はかなり恥ずかしかったですよ（笑）。だけど、ハサミを持った自分の手が動くことでヘアスタイルをつくり、笑顔が生み出せる——あの新聞記事のような美容のマジックを体感するうち、恥ずかしさも気後れもなくなっていった。美容とは本当に素晴らしい仕事だ。自分自身で、徐々にそう確信するようになりました。

学科試験は何とかクリアしましたが、実技試験が最大のハードルでした。通常、1年間はどこかの美容室で実習を経験しなければ、資格は取れません。会社員の私にそんな休暇が捻出できるはずもなく……。学校に相談したところ、2年間、毎週の土曜・日曜を実習に費やすという条件で受け入れてくれる美容室を見つけてくれました。結果、実技試験は2度不合格になりましたが、何とか3度目で合格し、ついに美容師免許を取得。美容学校に入学してから6年もかかってしまいましたが、最初の目標を達成できたことが嬉しかったですね。

2001年、60歳の時に自分の美容室をオープン！

きっと、手先が器用だったのだろう。そう思われる方もいらっしゃるでしょうね。だけど、私の手はかなりごつく、どちらかというと手先も不器用なほうです。だけど、無謀な挑戦とは思いませんでした。先にお話ししたように、私は40代〜50代の時期をマラソンに夢中になって過ごしていました。確かに、最初に走り始めた時は数キロで息が上がります。フルマラソンなんてとても無理！と思っていましたが、1カ月の間に200キロを走り、きちんとメソッドにのっとっていけば、1年で完走できるようになります。そう、積み上げ型のロジックが成立するのがマラソンなのです。美容はスキルですが、きちんとスケジューリングし、習得すべきことをクリアし、積み上げていけば必ずモノになる、絶対に美容師資格は取得できる。マラソンをやっていたからこそ、諦めずに継続することができたのだと思っています。

ちなみに当時は家のローンもありましたし、子どもの教育費もかかっていました。でも、妻は「定年までちゃんと働いてくれるのなら、好きなことをやってもいいよ」と言ってくれました。もちろん会社の仕事を手抜きしようなどという気持ちは毛頭ありませんでしたけどね。いずれにせよ、家族の応援があってこその資格取得だった、と感謝するばかりです。

そして、計画どおり富士通を58歳で定年退職し、まずは横浜市金沢区の美容室で約2年間修業させてもらいました。そして、「世界のトップサロンの技術を肌で感じよう」と英国ロンドンのヴィダル・サスーンに留学。帰国後、念願の福祉美容室を起業したのは２００１年です。この時、私は60歳になっていました。

腕ではなく、心でカットする。それが福祉美容の真髄

私が目指す「福祉美容」は確実に勝負できる、という勝算がありました。高齢化が進む中、お年寄りにとって駅ナカの１０００円カットや、ガラス張りでおしゃれな美容室は行きづらい。ゆえに、無料送迎や訪問美容のサービスを揃える福祉美容室が確実な受け皿になるのです。

第1号店を横浜市栄区に出店したのも明確なロジックがありました。横浜には18もの区がありますが、一番高齢化率が高いのが栄区です。坂が多いエリアでもあり、高齢者には無料送迎サービスは大きな魅力になるはず。この業界分析とマーケティングは、ビジョンと夢だけで美容業界に飛び込んだ私のスタートダッシュを大いに助けてくれました。営業一筋30年以上の経験、知見が、これほど役に立つとは思いませんでしたよ。

ただ、開業当初、一軒一軒チラシをポスティングして回りましたが、なかなか新規顧客が増えない時期もありました。しかし、高齢者は増える一方なのだから、福祉美容のニーズが増えてい

かないはずはない。そんな信念をもって経営を続け、少しずつ利用者を増やしていくことができました。現在では、70人の美容スタッフを抱えており、「福祉美容室カットクリエイト21」は、送迎無料サービス、在宅訪問へアカットを主軸に2店舗を展開。施設訪問美容サービスは2007年に「出前美容室若蛙」として事業を独立させ、病院や介護施設など60社160施設でご利用をいただいています。また、福祉美容分野の後継者を育成するべく、全国をネットワークした「LP全国訪問理美容協会」も立ち上げました。今、同じ志を持つ仲間を増やすべく東奔西走し、技術指導や講演活動にも力を入れています。

個人で始めたこの仕事を、事業として拡大することができた原動力は、「ありがとう。また来てね」というお客さまのとびきりの笑顔です。カットの技術力も当然重要ですが、心でカットすることが、福祉美容の真髄。そんな思いでハサミを持って、最初は無表情だったご老人がカットを終えてにっこり笑ってくれた時、美容師になって本当によかったと、心から思います。

美容師資格を取得してから早20年、私は76歳になりましたけど、福祉美容の発展のために、体力と気力が続く限り、この活動を続けていきたい。幸いにも、別の会社で働いていた長男が私の会社に入社してくれ、専務を務めてくれています。また、長女も「出前美容室若蛙」の事務職として私をサポートしてくれている。私たち親子とスタッフのみなさんと、力を合わせ、高齢者の笑顔を増やすため、まだまだ第一線で頑張っていきたいと思っています。

Personal Data

▶住まい・家族構成
妻、長女、孫と同居（長男は独立）

▶ライフシフト前後の変化
【時間の使い方】訪問美容の啓蒙で全国を飛び回り、顧客対応や営業、施設訪問に時間を費やす日々だが、充実度は会社員時代と比べ物にならない
【収入】70人の従業員を抱えており、利益のほとんどは人件費に。起業後の借入返済に一喜一憂の日々
【仕事のやりがい】美容師歴17年だがまだまだ経験は浅い。経営や技能を向上させていくこともやりがい
【人間関係】スタッフの子どもが熱を出したらピンチヒッターで施術に出るなど、チームで対応。一人で起業したが、今は一人ではない

▶座右の銘
「私が後悔するのは、できなかったことではなくやらなかったことである」というイングリッド・バーグマンの言葉。やりたいことはすべてチャレンジし、後悔のないように生きたい

▶これからチャレンジしたいこと
超高齢社会では必ず福祉美容が求められていく。全国にサービスを広げたいという思いで邁進している

ふじた・いわお
1941年、東京都生まれ。大学卒業後、富士通信機製造（現・富士通）に入社。一貫して営業に携わり、最後は営業部長に。在職中に一念発起して美容師、ホームヘルパーの資格を取得。58歳で定年退職。60歳で福祉美容室カットクリエイト21を起業。高齢者福祉と美容をマッチングさせた「福祉美容室」を提案し、無料送迎、訪問美容などのサービスを展開中。全国に福祉美容のビジョンを浸透させるべく、LLP全国訪問理美容協会を設立し、理事長に就任。

藤田さんのライフシフトのポイント

◆早くから定年後の「テーマ」を探し求める

定年間近になってリタイア後を考えるのではなく、50代の手前から意識し始めた藤田さん。その意識があったからこそ、日課の情報収集で福祉美容という定年後のテーマが飛び込んできた。働きながらその就業準備に10年間もの時間をかけることができたのは大きい。

◆着実に努力を積み上げる

何かを成し遂げた経験は人に自信を与える。手先が器用ではないと自覚する藤田さんが、美容師への挑戦を無謀とは考えなかった背景には、メソッドにのっとり、積み上げ式のロジックで努力しフルマラソンを完走した成功体験が。美容師資格も同様と考えられた。

◆緻密なマーケティング力と営業力を活かす

開業後、商売を軌道に乗せるために、最も高齢化率が高く、坂の多いエリアに立地を定める。高齢者に、集客の目玉とした「無料送迎サービス」が大きな魅力となると踏んだからだ。営業一筋30年以上の経験による業界分析やマーケティングの知識が生きた。

手に職をつけたい

「生きていく術を身につけている」という確かな手応えがある

同期2人と共に55歳で早期退職。「新規就農」の夢を果たす

ケース2

続橋昌志さん（58歳）

株式会社アーバンファーム八王子
代表取締役

「セカンドライフは農家として生きたい」。続橋昌志さんが思いを巡らせるようになったのは50歳を過ぎた頃。会社員時代の同期と共に行動を起こし、4年間の準備期間を経て、続橋さんはその夢を叶えた。「アーバンファーム八王子」は現在、年間30種類ほどの〝東京・八王子野菜〟をつくっている。トライ&エラーを繰り返しながらも、自分たちの努力で作物が実を結ぶ喜びは、「シンプルゆえに最高」。人間の根源的な営みに携わる日々は、確かな充実感をもたらしている。

「定年まであと10年……このまま過ごしていていいのだろうか」。そんな疑問が頭をよぎるようになったのは、50歳になった頃から。セカンドライフを意識し始める年齢なんでしょうね、こういうのって「アラフィフ病」というらしいです。直接的な出来事があったわけではないのですが、思い返せば、いろんな要素があったように思います。

大きかったのは、東日本大震災をきっかけとする意識変化でしょうか。僕はエプソン販売でずっと営業畑だったんですけど、震災の前は東北勤務で、仙台とも盛岡とも縁があったのです。「何かしなきゃ」と焦燥感にかられたのですが、震災直後は多くの人が東北に集中したため、実際には自分の出る幕がなかった。ただ、この時を境に「自分はどんな人間なのか」「何ができるのか」をあらためて見つめ直し、社会貢献を強く意識するようになったのは確かです。

当時在籍していた営業推進部は、新しいビジネスをつくる部署だったので、何か地域活性や福祉支援につながるような仕事をしたいと考えるようになりました。実際に提案し、携わったものには、新潟県十日町で開催される「大地の芸術祭」への協賛事業や、児童養護施設を退所した若者の自立支援などがあります。けっこう自由に動かせてもらったのですが、一方で、すぐに数字が上がるビジネスではないから、その狭間に苦しむという面もあって。次第に、自分と会社が目指す方向性の違いを感じるようになりました。

また、一時は４００人ほどのメンバーを抱える副本部長の立場にあったのですが、そうなると現場が遠のくでしょう。担当者と直接話すにも相当の距離があり、それがどうにもイヤだった。気持ちの通じない仕事はつらいですから。

いろんな要素が絡み合って、結局のところ「組織はもういいや」と。何事も自分で決めて、自分で責任を取る生活をしたいと考えるようになったんです。となると、起業しかありません。後ろ向きな話かもしれないけれど、まずは「辞める」があって、「じゃあ何をやろうか」という順番だったんですよ。

同じ考えを持っていた同期2人（泉政之氏・水野聡氏）と検討するなかで、最初から出ていたのが「農業」です。自然に触れられる、体を動かすので健康維持ができそうだ、食の確保ができる……など、魅力を感じる点が数々あり、農業を選択することに迷いはありませんでした。そして決めていたのは、ちゃんとビジネスにすること。定年してから「土を触りたい」という人はけっこういるようですが、趣味的にやるのではなく、緊張感のある生活にしたいとは考えていました。自分たちでどこまでできるか、あくまで起業チャレンジだと捉えていたので。

農業を楽しむ、農業で生きていく。そう確信した準備期間

僕を含めて3人とも農業はまったくの素人。仲間うちだけの極秘プロジェクトとし（笑）、まずはフェアやセミナーなどに参加して、状況を調べることから始めました。すると、想定内ではありましたが、新規就農は甘くないし、儲からないということもわかってきた。いったん立ち止まって冷静に考えたのは、生活費の確保をどうするか――。僕たちが50代半ばで会社を辞めたとして、以降、年金受給が始まる10年後まで最悪無収入でも生きていけるかどうか、細かくシミュレーションしたんです。結果、退職金もあるし、妻も仕事を持っているので、贅沢をしなければ何とかいけるだろう、そう判断できたので起業への準備を始めたのです。

それから2年間、毎週土曜日に、仲間と町田や立川の体験農園に通いました。僕の場合は住まいが千葉だったので、片道2時間かけて。最初の頃は、家族にも内緒にしていたものですから、いきなり農家になりたいと話した時は、反対も何もまるで相手にされず（笑）。でも、僕が音を上げずに毎週通い続ける姿を見ていて、「どうも本気らしい」と思ったようです。そして、向こう10年間の生活費についての説明もして、理解してもらったという経緯。まぁ家族は、「言い出したら聞かない」僕の性分を知っていますからね。妻はあきらめモード、子どもたちは〝変わり者のパパ〟ということで面白がっていました。

体験農園では年間30種類ほどの野菜をつくったでしょうか。憧れた有機農業は、素人チャレンジゆえに玉砕。でも、指導を受けてつくった作物はまともなもので、「ちゃんとできた！」と驚きもしたし、純粋に嬉しかった。失敗であれ何であれ、自分が取り組んだことの結果がはっきり出るというのは、本当に気持ちのいいものですよ。農業を楽しむ、農業で生きていく、そう確信できた準備期間だったと思います。そして、55歳という割増退職金を満額受け取れるタイミングで早期退職制度を利用し、3人足並みを揃えて新しい道に踏み出しました。

価値観を同じくする仲間と支援者に恵まれて

こだわったのは、東京で就農すること。地方だと土地はあってもマーケットがないでしょう。流通を考えれば人口の多いところがいいと思ったし、〝東京野菜〟への憧れもありました。ちなみに東京で新規就農する場合は、東京都農業会議と連携して研修を受ける必要があります。

僕らは、年間の流れを学ぶために希望して1年間の研修を受けたんですけど、その際にお世話になったのが、東京都農業会議の熱血部長とベテラン農家である中西農園さん。たまたまでしたが、新規就農支援に情熱を持っている方や、東京の農産物品評会で賞を取られるような農家さんと出会えたことは、ひとえに運がよかった。かわいがってもらい、本当に様々なことを教えていただきました。

研修後も向こう5年間の事業計画を提出するとか、当該市町村にある農業委員会の承認を得る必要があるとか、農家になるまでには様々なステップがあって、なかでもスタートに際して一番大変なのは農地の確保です。これもね、僕らは運がよかったんですよ。八王子市にたまたま農地の空きがあったこと、そして、くだんの熱血部長や中西農園さんが地主との交渉に同席してくださったことで、土地を借りることができた。賃料は安いからこちら側には問題がなくても、やはり信用がないとダメで、直接「貸してください」は難しいものです。時間はかかりましたが、初志貫徹で新規就農できたのは、価値観を同じくする仲間や支援者に恵まれたから。

現在は、都合５０００㎡の畑で年間30種類ほどの野菜をつくっています。販売先としては、近くの直売所や野菜専門の商社さん、地元の居酒屋さんなど。望んでいた〝顔の見える農家〟になれたし、買っていただくお客さまの反応を直に見られるのは、手応え最高です。まだまだスキル不足で失敗も多いけれど、「必ず結果が出る」のはやっぱり面白い。当面の目標としては、自分たちの作柄をきちんと確立すること。そして、農地や作物の種類を増やして収支を安定させ、流通についても協同配送のような新しい仕組みをつくりたいと考えているところです。

精神面での豊かさは、まさに「プライスレス」

日が昇れば働き、日が落ちたら休む。遅い時間まで働いて、毎晩のように飲みに行っていた会社員時代と比べると、極めて人間らしい生活を送っています（笑）。そして、自分たちの努力で作物が実を結び、購入したお客さまが「美味しい」と言ってくださる時のシンプルな喜び。多くの現代人は忘れちゃっているけれど、人間の根源的な営みとでもいうのか、生きていく術みたいなものを身につけている実感があります。加えて、看板に縛られない自由。価値観を同じくする仲間と、互いの生活環境や都合を理解し合いながら仕事をする日々に、漠とした不安やストレスはまったくありません。

もう一つ、充実感を得ている活動があります。会社員の頃から始めた児童養護施設の子どもたちの自立支援、今もボランティアで続けているんです。「見た目問題」のケアもやっていまして、直接やりとりをしている若者が30人ほどいるでしょうか。LINEなどを通じて、いろんな悩み事・相談事を聞いたり励ましたり……それが毎晩の日課になっています。農家になって夜の時間が増えたからこそできることで、今の自分には天命のようにも感じています。微力ながらも、未来を担う若者たちの力になれているという喜び。これもまた、ライフシフトをして得られたものです。

農業と同様、僕のライフワークなので、いずれはこの2つを統合して、「農福連携（農業と福祉の連携）」の活動にも着手したいと考えています。最終的には障がい者の雇用を実現したいのですが、まずは農業体験や、集える場を提供できればいいなと。

農家になり、ボランティアも続ける日々を過ごすなかで、これまでの人生の価値観が大きく変わったことを実感しています。例えば、効率化だけでなく冗長さも大事だということ。精神面での豊かさは本当にプライスレスだということ。こういった価値観の変化こそが、セカンドライフを充実させる最大の〝技〟になっているのかもしれませんね。

Personal Data

▶**住まい・家族構成**
妻（歯科医）、独立した娘１人と大学生の息子１人。現在は畑の近くに“単身赴任”しているが、定期的に帰り、家族とは家庭菜園も楽しんでいる

▶**ライフシフト前後の変化**
【時間の使い方】会社員時代は片道１時間半の通勤生活。飲みに行く機会も多く、帰宅は概ね午前様。現在は６時から19時くらいまで農作業をしているが、家が近いので夜の自由な時間がかなり増えた
【収入】生活費は半分以下になったが、生活レベルが落ちたようには感じていない。もともと週５の外食生活で飲酒量も多く、エンゲル係数が高かった
【仕事のやりがい】最大の変化は、すべてを自分で決めて、自分で責任を取るというやりがいを得たこと
【人間関係】かつては会社人間だったが、今は地域の人々との活動や“つながり”がことのほか楽しい

▶**座右の銘**
利他、笑顔、感謝、そして健康

▶**これからチャレンジしたいこと**
農業の６次化や農を通じた地域活性。「農福連携」の活動や「フードロス削減」にも取り組んでいきたい

つづきばし・まさし
1960年、北海道生まれ。大学卒業後、エプソン販売に入社し、約30年間、営業部門に在籍。「セカンドライフで農業をやろう」と決めてから、体験農園や農業研修などを重ねて準備を進め、2015年に早期退職。同年、会社員時代の同期２人とアーバンファーム八王子を設立、代表取締役に就任。社会貢献への意識も高く、農業とボランティア活動をライフワークとしている。

続橋さんのライフシフトのポイント

◆仲間とともにチャレンジする

独立開業を仲間と共同で行う人は少なくない。同じ価値観や目的を共有していれば、心強いパートナーとなる。続橋さんも、「何事も自分で決め、責任を取る生活」という同じ考えの２人の同期社員と組み、農業へのチャレンジというテーマを決めることができた。

◆覚悟を決め、長期的な視点で取り組む

新規就農は甘くないこと、儲からないことを冷静に受け止め、10年後までの最悪のケースをシミュレーション。それにより見通しを立て、覚悟を決め、家族の理解を求めた。そして、片道２時間かけて体験農園に通い技術を習得するなど、着実に準備を進めた。

◆応援してくれる人を見つける

就農に際しては、関係団体の部長やベテラン農家の協力を得られ、信用がないと借りられない農地を確保できたことが大きい。また、販売先となった野菜商社や地元の居酒屋、歯科医として家計を支える妻といった応援者にも恵まれた。

手に職をつけたい

パソコンという名の翼を手に入れたことで、羽ばたき、日々を存分に楽しんでいる

定年を迎えてからパソコンを独習し、82歳でゲームアプリを開発

ケース3

若宮正子さん（83歳）

デジタルクリエイター

80歳を過ぎてからiPhoneゲームアプリを開発したのを機に、世界的に有名になった若宮正子さん。20年以上前、定年後の生活を案じて付き合い始めたパソコンは、彼女の暮らしを豊かにし、さらには想定外の世界へと連れていってくれた。特にここ数年は環境がめまぐるしく変化し、活動も役割も増えて多忙な日々を送っているが、「自分の進化にワクワクしている」。もとより好奇心旺盛で、やりたいことが尽きない若宮さんにとって、パソコン技術の習得は、まさに人生を楽しむ最高のツールになったのである。

手にした本で「パソコンがあると、外に出なくてもいろんな人とおしゃべりができる」という耳寄りな情報を得たのは、還暦間近の頃でした。数年後に控えた定年退職後の生活を考えると、人との関わりが減って寂しくなる不安がありましたし、加えて、当時90代だった母の介護も遠からず必要になりそうだったので、「これはいいかも」と飛びついたわけです。

20年以上も前の話です。パソコンと周辺機器を合わせると、今より高価で40万円ほどかかったでしょうか。でも退職金も入るしと、あまり深く考えずに即決購入。セットアップも自力で取り組みました。接続設定までに3カ月以上かかりましたが、全然苦じゃなかったですね。というのも、この頃は一般の人がパソコンを買う時代ではなく、メーカーさんもショップの人も暇だったのでしょう、聞けば何でも丁寧に教えてくれましたから。日本人って真面目で、大概の人はまず入門書から順序よく学んでいくけれど、私は全然違うタイプ。本で勉強するにしても最低限必要な部分だけ、人に教えていただく時も必要な事項だけ。必要なこと、関心のあるところから始めるんです。つまりは自己流で、今でも「そんな使い方をしているの？」って驚かれたりしますが、自分のやりたいことができて、楽しめればそれでOK（笑）。

そして、おしゃべりの場として入会したのが「メロウ倶楽部」です。今ではオンライン上のシニアコミュニティに進化していますが、入会当時はパソコン通信でやりとりをしていました。この時代にパソコンを始め、さらにはコミュニティに参加するシニアなんて少数派ですから、いわば変わり者の集まり。みんな個性的で本当に面白かった。長年の銀行員時代には会えなかったような人たちと出会えたのは刺激的で、世界がうんと広がりました。

メロウ倶楽部は心の居場所のような存在で、約10年間におよんだ介護生活が孤独でなかったのは、仲間との頻繁なやりとりがあったから。もっとも母は健やかにというか、明るくボケてくれたので、つらい介護生活ではなかったんですけど。私は私で、インターネットが普及してからは情報収集をする楽しさにのめり込んで、「おばあちゃんにおやつ出すのを忘れてた！」なんてこともしばしば。不良介護人ですよ（笑）。性分もあるでしょうが、できる手抜きはしたこと、そしてパソコンを習得したことで、リタイア生活が楽しくなったのは確かです。

シニアが楽しめるゲームがないのなら、自分でつくればいい

私は日頃から「シニアこそ、暮らしを便利にするスマホを使うべき」と勧めているのですが、「とっつきにくい」という声が多いんですね。何か入り口になればと、シニアが楽しめるゲームアプリをつくり始めたのは2016年の秋頃でした。スマホ用のゲームアプリはたくさんあるけれど、どれもスピードやポイントを競うもので、シニアには面白くありません。そこで、若きアプリ開発者で友人でもある小泉勝志郎さんに相談したところ、「シニアが楽しめるものが何なのかわからない。若宮さんがつくってみれば？」と。「わからないことがあれば、僕に聞いてください」

とも言ってくださったので、ならば自分でトライしてみようと思ったのです。

それが「ｈｉｎａｄａｎ（ひな壇）」で、画面に置かれたひな人形を正しい位置に配置するというシンプルなゲームです。時間制限やゲームオーバーなどの概念は省き、ゆったりと取り組めるものにしました。これが思いがけず話題になって、「ゲームアプリの概念を変えた」「82歳の開発者」ということで、ついにはアップル本社が開催するＷＷＤＣ（世界開発者会議）に招待までされちゃった。びっくりですよ。人生何が起きるか、本当にわかりませんよね。

近頃はプログラマーと称されたりもするのですが、私としてはちょっとムズムズした感じ。本をどっさり買ったり、小泉さんに教えてもらったり、確かに必要な勉強はしたけれど、プログラミングというのはｈｉｎａｄａｎ一本ですから。関心のあることだけを勉強するスタイルは相変わらず。そして困ったことがあれば大騒ぎして(笑)、ＩＴ関係の友人たちに助けてもらっています。そんな友人の一人が言うには、大事なのは、プログラミングに長けているより、つくりたいものやアイデアがあるかどうか。これまでは人間がパソコンやスマホに「お仕えしている」感じだったけれど、道具として有効に使う発想、創造力が大切だという話です。私の打った球がまさかのホームランになったのは、多分、そんな時代の流れに合ったのでしょうね。

もともとアイデアを出すとか、ものをつくるのが好きなんです。例えば、ＷＷＤＣに出席する際に着けたペンダントもそう。「何か気の利いたものを」と思っていたのですが、いいのがなくて自作しました。初心者向けの３Ｄ製図用のソフトでデザインをして、３Ｄプリンターのある工房でつくってもらったのです。ほかにも、考案した「エクセルアート」を使ってカバンやブックカバーなどをつくっています。世界に一つしかないオリジナルって素敵でしょう。

いい時代との巡り合わせ。好きなクリエイティブを楽しむ

エクセルアートは「エクセル」のセル（マス目）を使って図柄や絵を描くもので、この面白さに気づいた時は興奮しました。パソコンを使った手芸・絵画として捉えれば、シニアとか子どもにも親しみやすいですし。今、自宅で開いているパソコン教室や小学校などで、エクセルアートの楽しさを伝えているところです。そんな活動もしているものだから、最近では、自分のことを「デジタルクリエイター」と名乗るようにしているんです。

そんな自分も含めて、時代は本当に変わるものだと思います。ずいぶん昔の話ですが、私が銀行に入った頃はあらゆる仕事が機械化されておらず、札勘定や計算はすべて人の手によるものでした。勢い、求められるのは手先が器用で、物事を素早く正確に処理できる人材。今のロボットに近い感覚ですけど、そういう人が優秀だったわけです。でも私は不器用なうえに、同じことを繰り返すのが苦手なものだから、銀行のお荷物だと自覚しながら働いていました。

ところが10年ほど経った頃、状況が大きく変わりました。電気式計算機や紙幣計算機などが登

場し、ＯＡ化が一気に進んだのです。それらの仕事に携わっていた行員の皆さんは他部門に転属となり、私は企画開発のセクションに所属することになりました。業務改善提案だとか、新しいことを思いつくのが得意だった私を、上司がうまく生かしてくださったのです。一転、仕事が面白くなり、環境にも恵まれて長く働き続けることができました。昨今で言えば、ＡＩの勢いにあって絶滅の危機に瀕している職種もあると聞きます。そうなると、これからの時代にはクリエィティビティが、つまり人間にしかできないことが、ますます重要になりそうです。

長い〝活動寿命〟が人生に豊かさをもたらす

ゲームアプリを出してからというもの、環境はめまぐるしく変化しました。メディアからの取材依頼や呼んでいただく講演が増え、気がつけば、政府による「人生１００年時代構想会議」の最年長有識者メンバーとして席に就いていたり。有識者どころか、私は非常識者を自負しているんですけどね(笑)。これまでは何を言っても犬の遠吠えで済んでいたのが、いろいろと責任のある立場になってしまって……。でも、私の活動が誰かの手助けになったり、元気づけたりすることにつながるのなら、こんなに嬉しいことはありません。

ですから、私は頼まれたことはみんな引き受けちゃうんです。ただ、広告になるようなものだけは……。例えば健康食品とか、お声がけいただくこともあるのですが、私は何事も楽しむことが大前提で、神経質な健康管理などは二の次。「おいしいから、好きだから食べる」のクチで、そういう人が健康食品の広告に出ちゃったら、言っていることとやっていることが矛盾してしまうのでイヤなんですよ。もちろん健康であったほうがいいけれど、私の周りにいるアクティブな人たちは、総じて健康管理に神経質ではないです。夢中になれることや、ミッション、目標を持っている人が元気だと感じています。かつての長生き競争を経て、今は健康寿命が声高に叫ばれていますが、これからは〝活動寿命〟の時代かもしれませんね。何らかのかたちで社会参加する寿命の長い人が、豊かな人生を送れるのではないでしょうか。

私のエネルギーの源は好奇心です。先日、昔つくった自分のホームページを何となく見ていたら、自己紹介欄に「有り余っているもの／好奇心、ほしいもの／時間」と書いてあって、我ながら笑ってしまいました。あまりに変わっていないから。最近は忙しいのもあって、なかなか時間が取れないんですけど、それでも今やってみたいのは、80歳以上の人たちを主役にしたテレビ番組をつくること。イメージしているのは、歌って踊ってのミュージカル仕立て。というように、あれこれ考えていると毎日が楽しくて飽きません。

パソコンとの付き合いも20年を超えました。テクノロジーは私の好奇心やものづくり欲を満たしてくれました。そして何より、新たに得た人とのご縁や社会とのつながりが、私を想定外の世界へ連れていってくれた。言うならば、コンピュータは私の翼なのかもしれませんね。

Personal Data

▶住まい・家族構成

100歳まで生きた母を介護し、見送ったのを機に神奈川県藤沢市に転居、現在はマンションで一人暮らし。５歳上の兄も健在で、メロウ倶楽部の会員でもある

▶ライフシフト前後の変化

【時間の使い方】日々の予定に合わせて臨機応変。眠くなったら寝る、お腹が空いたら食べるというきままな生活

【収入】退職してからは年金生活。物欲がないのでそれで十分だったが、最近は、講演の仕事や書籍出版などで報酬をいただくように。それらは、ボランティア活動や寄付に充てるようにしている

【人間関係】格段に広がった。フェイスブックだけでも2000人近くの友人とつながっている。ただ、やみくもに友人を増やすというより「お友達になってもらえるようにする」ことを大切にしている

▶座右の銘

「まずやってみる」

▶これからチャレンジしたいこと

開発ソフト「Swift」のさらなる勉強や、「AIスピーカー」の使いこなしなど、いろいろ

わかみや・まさこ

1935年、東京都生まれ。高校卒業後、三菱銀行（現三菱UFJ銀行）に入行、定年まで勤め上げる。その後、パソコンを独習。1999年、シニア世代のサイト「メロウ倶楽部」創設に参画し、現在も副会長を務めているほか、「NPOブロードバンドスクール協会」の理事としてデジタル機器普及活動に尽力。2017年に開発したゲームアプリによって、米アップルが開催する世界開発者会議「WWDC 2017」に特別招待される。「マーチャン」の愛称で親しまれ、ものづくり、講演や執筆など幅広く活動する。

若宮さんのライフシフトのポイント

◆好奇心旺盛で、なんでもやってみる

何事も、新しいことを身につけるには「面白そう」と思う好奇心が発火点となる。若宮さんは、「自分のエネルギー源は好奇心」と自覚。昔からパソコンに飛びつき、情報収集の楽しさにのめり込み、頼まれたことはみんな引き受けた。この積極姿勢が生活のベースにある。

◆本や若い人を通じて独学でどんどん学ぶ

80歳を過ぎてからスマートフォンのゲームアプリを自ら開発するため、若いエンジニアから教わったり、本をどっさり買い込んで学んだ。この学び方も、入門レベルから順を追ってではなく、必要なことや関心あることから始める自己流。この柔軟さが推進力を生んでいる。

◆年齢を気にしない。デジタルに臆さない

60歳の頃に買ったパソコンの設定は自らこなす。80歳を過ぎて、ゲームアプリの開発だけでなく3D製図ソフトや3Dプリンターでペンダントも自作。エクセルアートにも興奮する。「コンピュータは自分の翼」とまで思い、デジタルにまったく臆さない気持ちの若さがある。

【手に職つけたい】

まとめ

長期的に取り組めば必ずプロに。これまでの経験との掛け算で自分らしい強みを発揮

「手に職」という言葉に明確な定義があるわけではありませんが、その技術があれば、誰かに雇われることなく自分のペースで生涯働き続けられる、そんなイメージを持つ方が多いでしょう。生涯現役時代のライフシフトを成功させる大きな武器ともいえます。

手に職をつけるには、それなりに時間がかかります。藤田さんは美容師資格取得まで、6年かかかりました。続橋さんは10年スパンで農業に取り組んでいます。しかし逆に言えば、時間をかければ手に職をつけることができるということです。『天才！成功する人々の法則』（講談社刊）というベストセラーで知られるジャーナリストのマルコム・グラッドウェルは、「特定の分野で世界的な一流になりたければ、1万時間の練習や実践が必要」という〝1万時間の法則〟を提唱しています。仮に1日5時間として、5年半ということになります。

そして頼もしいのは何といっても若宮さんの存在です。パソコンを始めたのは定年後。そして80歳を過ぎてから、本と若手エンジニアに教わり、スマートフォンのゲームアプリを開発してしまいました。このことで、アップル本社が開催する世界会議にまで招待されるほどのインパクトをもたらしています。「もう歳だから」は理由になりません。人生100年時代、時間はたっぷりあるのです。これから何かを身につけてプロになることは、十分可能なはずです。またその分野は未経験だったとしても、これまでの職業経験はきっと生きるはずです。

藤田さんは会社員時代に培ったマーケティングや営業のスキルを活かして、美容院の出店エリアを戦略的に決めています。新しく身につけた技術とこれまでの経験の掛け算で、あなたらしい「手に職」をつくっていくことも可能なのです。

価値軸5
海外とのかけはしに

急速に進むグローバル化の中、日本の企業や社会は様々な変革が求められています。もしあなたに豊富な海外経験があればもちろん、経験がなかったとしても日本の文化や心を伝えたいという思いがあれば、日本と海外をつなぐことがあなたの使命になるかもしれません。

海外とのかけはしに

貿易から始めて執筆や通訳も。働き方をシフトしながら「つなぐ」仕事を続けていく

45歳で次女が誕生。生涯現役を決意して貿易会社を起業

ケース1

三浦陽一さん（67歳）

有限会社リナ・エ・ジュンコ・インターナショナル代表取締役

「この子が社会人として独立する前に、自分は定年を迎えてしまう」――。45歳の時、産声を上げた次女のために定年を気にせず働ける仕事を、と考え始めた三浦陽一さん。２００３年、約30年間働いた商社での経験を活かして、輸入エージェントを立ち上げたのが、最初のライフシフトだった。こだわりたいのは「生涯現役」。時代の変化を捉え、自分ができることを探し、取り組む領域を広げながら、作家、通訳としても活躍中。それらの共通項となっているのは、人と何かを「つなぐ」というミッションだ。

もともと外語大学を目指していたくらい、外国語、とりわけ海外に興味があったんです。結局、進学したのは慶應義塾大学でしたが。ただ、大学時代、山岳サークルでの活動に打ち込む傍ら、スペイン語やフランス語、中国語、韓国語などを勉強していました。そして、外国とのやりとりが基本となる総合商社の仕事は私にピッタリだと考え、丸紅を選んだわけです。

丸紅に入社してからは、主にヨーロッパの国々を対象としたタイヤの輸出業務に関わり、貿易のノウハウを身につけていきました。そして30歳でロンドンに赴任。念願の海外駐在でした。ロンドンに約7年間滞在し、その間は日本企業のタイヤの販路開拓や、英国ブランドのスポーツシューズの輸出販売なども経験。商社マンというとかっこよく聞こえますけど、実際は泥臭い仕事が多いのです。鉱山用の大型トラックに使われる直径３ｍもあるタイヤを売りに、山奥にある炭坑に出向いたこともありました。でも、普通の会社ではなかなかできない経験をたくさんしましたね。好奇心旺盛な私にとっては、毎日が刺激的なことだらけ。どこの国に行っても、街を歩いているだけで幸せでした。

45歳の時に、大きな転機が訪れます。ロンドンの後に駐在していたミラノで次女が誕生したのです。当時、長男は16歳、長女は12歳。少し年の離れた3番目の子どもです。もちろん、嬉しかったのですけど、一番気になったのは、「この子が社会人になる前に、私は定年を迎えてしまう」ということ。先々を考えれば、70歳くらいまで現役で働かなくてはいけません。そうなると、定年後も働く方法を考える必要がある。その時に、「起業」という2文字が頭をよぎりました。それが、ライフシフトを意識し始めた、最初のきっかけです。

独立後の支援を約束してくれる会社を確保し、52歳で起業

起業するなら何ができるか？　最初に浮かんだのは、もちろん貿易の仕事でした。特にイギリス、イタリアは駐在が長かったですし、現地のこともよくわかっています。貿易というのは、相手の国ごとに特徴があって、必要となる知見が違うんです。それを知っているかどうか、当然、培ってきた人脈も大事。これらをうまく使えば自分でも事業経営ができるのではと考え始めたら、徐々に会社にしがみつく必要はないと思えるようになってきたんですね。そして、いつかイタリアでのビジネス経験を武器に起業しようと、仕事で使えるレベルのイタリア語の勉強を開始しました。

ミラノからの帰国後は、丸紅子会社の取締役に。任されたのは米国との貿易業務です。3年ほど勤務しながら、何度かヨーロッパ関連の業務に戻してほしいと会社に訴えました。上司からの返事は、いつも「いや、ここでしっかりやってほしい」。しかし、そうこうしているうちにヨーロッパと疎遠になってしまっては、自分の強みが薄れてしまう……。なんとなく、〝辞め時〟を探っていたタイミングで、かつての仕事仲間から声がかかりましてね。イタリアと深い関わりが

ある靴メーカーが人材を探していると。丸紅に定年までいたほうが年収や退職金はきっといい。でも、残ってもストレスや過労で健康を害してしまうかもしれない……。多少、逡巡はしましたが、50歳で転職を決断しました。その会社から打診されたのは、まさに私が心からやりたいと思える仕事でしたし、起業準備にもってこいの環境だと思えましたから。

その会社で働きながら、丸紅時代から付き合いのあった取引先に、ぶっちゃけて相談してみたんです。「将来、起業したら、仕事を回してもらえますか？」と。やはり取引先の確保が、最も不安でしたから。すると、ほとんどの会社が「三浦さんなら、いいですよ。応援します」と。そんな彼らの返答が、私の背中を押してくれた。結局、転職した会社は1年半で退職。そして52歳の時に、主に靴を扱う輸入エージェント会社を立ち上げたのです。

ちなみに、家族に話したのは会社設立を決断してからです。妻は驚いていましたが、事前に取引先を確保していることを話すと、特に反対はなし。「家計のために、私も働くわ！」なんて言ってくれるかと思っていたんですが、そういうこともなく（笑）。まあ、私の性格やこれまでの仕事ぶりをよく知っているから、信頼してくれていたのだと思います。

「伝えたいことを文章にして届ける」仕事で、第二のシフト

今の仕事は、海外製品の輸入を手がけている国内企業や、逆に日本進出を計画している欧米の

企業のサポートです。年に数回は買い付けのためにイタリアなどに出かけています。実際、商社勤務時代と仕事内容はあまり変わっていませんが、生活は大きく変化しました。まず、仕事も働く時間も自分で決められること。自宅兼事務所なので、朝の満員電車に乗らなくてよくなった。これがかなり嬉しい。無駄な会議もない。ほんとに、ストレスがなくなりました。ただし、言い訳はできないし、失敗したらすべて自分のせい。常に大きな責任はつきまといますが、振り返ってみると、結局、好きなことしかしていないんですよね。

年収は、会社員時代のほうが高かったです。でも、手に入れた「自由さ」や「ストレスなしの生活」は、お金には換算できない貴重なものだと感じています。あとは、取引先と「月にいくら」の業務委託契約を結ぶスタイルにしたのがよかった。ある程度、固定の売り上げが見込めるので、精神的にラク（笑）。「顧客を増やしていけば、これくらいの収入が見込める」ことが見えていたので、事業計画も立てやすかったです。ありがたいことに、最初にお付き合いいただいたお客さまとの契約は、今もほぼ続けさせてもらっています。

起業後は、好奇心旺盛な自分の性格に拍車がかかりましてね。60歳を過ぎてビジネススクールに通い始めました。若者に交じって学ぶのですが、これが実に刺激的。そこで気づかされたのが、「自分を棚卸しすること」の大切さでした。商社に勤務していた頃から、「海外赴任で培った有益な情報やノウハウを、多くの人に伝えたい」と思っていたんですよ。先生から、「それなら何か書いて発信してみたら」とアドバイスされたので、無料でできる電子書籍の仕組みを使って、ひたすら発信し始めたんです。すると、それがある編集者の目に留まり、書籍を出す話に発展。念願の著書を刊行することができました。情報って、発信すると9割はスルーされても、1割は応えてくれる人がいるものです。本を出せたのは偶然の産物だと思っていますが、発信することの大切さ、というのかな。自分の好きなこと、これまでやってきたことが、飯の種になることを実感しました。私の中では、これが2回目のライフシフトでしょうか。

仕事をシフトさせながら、「つなぐ」仕事で生涯現役！

今の私が掲げているミッションは、人と何かを「つなぐ」です。一番長く携わってきた仕事が「日本と海外をビジネスでつなぐ」ですし、最近は執筆を通じて「世代と世代をつなぐ」ことにも意識が向いています。また、会社勤めをやめてからは、自分の子どもたちの活動に参加することも増え、「地域とのつながり」も大切だと思うようになりました。

今のところ、「次女が大学を卒業するまでは稼ぎ続ける」が、仕事の原動力です。実際のところ、彼女が卒業する1年半後、途端にお金を稼ぐというプレッシャーは減るわけですよね。私の年齢も70歳近くなる。「そうなった時に今と同じ働き方が続けられるのか？」が、これからの大きなテーマです。それで最近になって始めたのが、通訳の仕事。友人から「三浦さんに合いそう」と勧められたのがきっかけです。通訳案内士の国家資格について調べてみたら、TOEICの点数は受験資格を満たしていた。ならばと、参考書を買って学科の勉強を始め、昨年（2017年）の1月、66歳で合格、資格を取得したんですよ。

きっと数年後には、今のように何度も海外に行く働き方はつらくなるでしょう。仕事をシフトして、自分ができる範囲のことをやっていけばいい。そんなふうに思えるようになりました。通訳ガイドの仕事が、まさにそれです。幸いにも、世界中の人が日本に来てくれますから、日本にいながら外国人旅行者の通訳をするとか、日本のいいものを海外に紹介していくなど、いろんなかたちで情報発信していくのも、全部「つなぐ」です。まだまだ、自分にできることがたくさんあると思うと、ワクワクします。

実は7年前に脳梗塞をやりました。発見が早く、後遺症もなかったのですが、明日突然死んでしまうかもしれないという思いが芽生えました。でもね、自信を持って言えるのは、「明日死んでも後悔はない」ということ。やりたいことはその時々、全部やってきましたから。きっと、これからも新たに手がけてみたいと思えることが出てくるでしょう。それを見逃さないためにも、感度が鈍らないよう、外に出て、人と会って、常に刺激を受ける環境に身を置いておきたい。実は、税理士をやっていた私の父は、90歳まで現役バリバリで働いていました。そんな〝先輩〟に負けないよう、私も「生涯現役」の人生を歩み続けたいと思っています。

Personal Data

▶住まい・家族構成
妻は専業主婦。長男、長女は大学を卒業し独立。現在、次女は薬学部の５年生、卒業まであと１年半

▶ライフシフト前後の変化
【時間の使い方】 仕事が生活の中心で、役職が上がるにつれ無駄な会議も多く、会社に振り回されていた。現在は、すべて自分で決められるためストレスなし
【収入】 商社時代の７割に減ったが、経費処理ができる費用も多く、可処分所得はほぼ同じくらい
【仕事のやりがい】 自分の責任の範囲が広くなった分、充実感がある。書籍の執筆や通訳ガイドの仕事を通じて人との出会いが広がっており、楽しみも増加
【人間関係】 会いたい人に会いに行ける時間が増えた。商社時代の仲間と一緒に仕事をすることもある

▶座右の銘
「行動せずに後悔するより、行動して失敗したほうがマシ」

▶これからチャレンジしたいこと
蓄積してきた経験・ノウハウを次世代につなぎ、世界と日本をつなぐことで、少しでもよりよい環境を子孫に残す活動を一日でも長く続けていきたい

みうら・よういち
1950年、千葉県生まれ。大学卒業後、丸紅に入社。タイヤ、靴などを扱う物資部門に配属され、ヨーロッパ各国との貿易業務に従事。ロンドンに約７年、ミラノに約５年駐在した。2003年、52歳で起業。イタリア製の靴の輸入エージェントを立ち上げる。14年には執筆活動を始め、電子書籍のほか、『ガイドブックには載らないAmore! イタリア㊙旅行術』（メイツ出版）などの書籍を出版。17年1月、通訳案内士の国家資格を取得。通訳ガイドとしての活動も開始した。

三浦さんのライフシフトのポイント

◆早くから生涯現役を意識。会社員時代からスキルを磨く

45歳で第３子をもうけたことで、生涯現役を意識した三浦さん。手がけてきたイタリアとの貿易での起業を念頭に、独立するチャンスを窺った。イタリアと関わりの深い靴メーカーと出合い、「起業準備にもってこい」と転職。起業に必要なスキルを磨いた。

◆ビジネススクール、通訳案内士……常に学び続ける

在職中にビジネスレベルのイタリア語を学び、起業後にはビジネススクール通い。そして70歳頃からの働き方を意識しての通訳案内士の資格取得。次なる状況に必要となる知識やスキルを得るために、常に学び続ける姿勢が三浦さんのライフシフトを支えている。

◆ミッションを大事に、やりたいことを広げていく

海外経験を電子書籍で発信したことが著書の出版につながり、執筆を通じて世代と世代をつなぐ。子どもの活動に参加して地域とつながる。三浦さんは“つなぐ”をミッションにやりたいことを広げている。脳梗塞を患った経験もあるが、「いつ死んでも後悔はない」と感じている。

海外との
かけはしに

自分らしい働き方で海外ビジネスに携わってきた者の使命を果たしていきたい

62歳で働き方のギアをチェンジ。
派遣で海外進出企業を支援

ケース2

秋本富士夫さん（64歳）

独立行政法人
海外展開支援プログラム
コンシェルジュ

37年の会社員生活で海外在住は10年以上。秋本富士夫さんは国内外で一貫して通信機器・コンピュータの海外向けビジネスに携わってきた。現在はその知見をフルに活かし、ある独立行政法人でコンシェルジュとして海外展開を目指す中小・中堅企業の支援に従事する。週5日の仕事ながら、家族との時間、そして天啓のようにして見つけたライフワークに没頭する時間が十分に取れる今を「一石四鳥」の人生と表現する。そんな最高のワークライフバランスは、秋本さんが派遣という雇用形態を受け入れたことで実現したものだった。

37年間にわたって電機メーカーに勤めてきた私は、数多くの国で技術営業、プロジェクトマネジメント、現地法人立ち上げなどを手がけてきました。入社当時は電話の交換機を担当していましたが、その後、データ系の通信機器やコンピュータも守備範囲に。「自分の経験、知識を世の中の役に立てたい」という思いはシニア世代に共通だと思いますが、私は一貫して海外関連業務に携わってきました。できるだけ長く、海外展開の支援を必要とする企業様に寄り添い、新たな道を切り開いていく手助けをしていきたい。少々格好つけて言わせてもらうなら、今もそれが自分自身の人生に与えられた「使命」だと思って働いています。

そんな私がセカンドライフとして選んだのは、ある独立行政法人のコンシェルジュ。海外展開を目指す中小・中堅企業様の「よろず相談窓口」で、まさに「海外へのかけはし」として、これ以上ない仕事だと思っています。ただ、この理想にたどり着くまでは、様々な〝ギアチェンジ〟が必要でした。確かに会社員時代も、通信・情報処理領域で世界各国の人々に貢献する仕事を楽しんでいました。でも、あくまで私のライフスタイルは仕事が中心だったんですよね。

「派遣」という雇用形態を利用してキャリアチェンジ

60歳でいったん定年退職した後は、インド現地法人の日本支店へ移籍。そして62歳で2度目の定年を迎えるにあたり、初めて腰を据えて自分のライフシフトを考えてみました。それまで、常に〝トップギア〟で働き続けてきました。この定年を会社員人生の区切りとして、仕事中心の生活から、趣味や家族と過ごす時間を大切にする生活に〝ギアチェンジ〟していきたい。ただし、完全にリタイアするのは時期尚早かなと。自由度の高い毎日では弛緩しすぎてしまいそうですからね。あらためて次なるステージを模索し始めるなかで、①会社に嘱託アドバイザーとして残り、65歳まで働く。②情報通信関連の専門家、いわゆるコンサルタントとして働く。③別の企業で週5日、9時~5時で働くという3つの選択肢が浮かんできました。

まず、①はNO！です。元上司が近くにいると仕事はやりにくいでしょうし、きっと後輩たちの自立心にも甘えが出る。何より仕事中心から脱却したい私のイメージにはフィットしません。ここはまずスパッと切りました。②はちょっと魅力的でしたね。通信・情報処理という分野でいえば、古いタイプの交換機から最新のクラウドやAI、そしてIoTに至るまで、最前線で実務に携わってきた経験、知見があります。ただ、これも忙しい前職の延長になる恐れがあると考えたので、選択肢から外しました。最後に残ったのが③です。毎日の生活にメリハリがつきますし、仕事と趣味の区別も明確にできそうです。もちろん、つまらない仕事は絶対にやりたくないという思いはありました。そこで、選択肢③のメリットを最大限に活かすため、派遣会社に希望を伝えたうえで登録し、定年後の勤務先を探すことにしたのです。

そんなプロセスを経て、私は現在の「コンシェルジュ」の業務に就くことができました。しかも、2017年3月末の退職日まで前職で働き、4月3日の月曜日から現派遣先で働くというシームレスな就業が実現。キャリアチェンジに際して、妻や娘が特に反応を示さなかったのも、空白期間なしのフルタイムワークが続いたからでしょう。これまでと同じく毎朝、「行ってきます」と家を出るのは以前と変わりませんからね（笑）。

ライフワークの天啓をもたらしてくれた、一枚の絵画

定年後の家族との時間とともに、私が大切にしたかったのが趣味の時間です。昔から絵画鑑賞が趣味だったのですが、オランダに単身赴任していた50歳の時にその絵を見た瞬間、定年後をさらに楽しく過ごすためのヒントが降りてきた。それは、15世紀の画家ファン・エイクが、キリストの救い、天国の賛美を描き出した『ヘントの祭壇画』――上下段に分かれた複数のパネルに、キリストの犠牲による人間の救いと天国の賛美が描かれた大作でした。

当時、次世代型ネットワーク、つまり未来のクラウド構築の方向性を考えるのが私の仕事だったのですが、この絵の上段の父なる神や聖母マリアがAI、下段にたくさんいる聖人や市井の人々がIoTでいうところのエッジ（端末）に見えてきた。そして、キリストを象徴する神秘の子羊と聖霊を象徴する鳩が上下をつなぐネットワーク。そこに、全体と個との調和を目指す世界観が表現されているように思え、これこそ、クラウドの概念そのものじゃないかと！

その後、ファン・エイクをはじめ、初期のフランドル絵画、そして西洋美術だけでなくヨーロッパの美術館に多数保存されている東洋美術も片っ端から観て歩くように。すると、それらの多くの絵に表現されている世界観も、最先端ネットワークのヒントにあふれていることがわかってきました。最新ネットワークの在り方を説く現代の著名なエバンジェリストたちは、いかにも斬新なことを言っているようですが、実は大昔の芸術家たちがすでにイメージしていたものだったりするんですよね。そんなひらめきを得てから、趣味の絵画鑑賞と通信・情報処理という仕事が私の中で徐々に融合していきました。例えば、仏教の「千手観音」は千本の手それぞれの掌に目がついていて、これがいわばＩｏＴのセンサーです。そして観音の頭に小さい頭がいくつも乗っていて、これがいわばＡＩのコンピュータ。これらをつなぐ観音の身体は通信ネットワークで、全部をまとめるとクラウドになる。当時の私は技術営業で、「クラウドは千手観音です」などと、スライドの資料を用意してお客さまへの説明に使っていました（笑）。

これはただの趣味を超えて仕事にも関係するわけですが、私にとってはさらに仕事をも超えて、大袈裟に言うと自分の世界観そのものに関する本質的なもの。このテーマを深掘りしていったら、ビジネスパーソン、エンジニアとして歩んできた私の未来も、また違ったものになるのではないか、と。以来、絵画に込められた意味や現代社会との親和性を紐解いていくのが楽しくて、楽しくて。要するに、絵画を鏡として、その中に自分の世界観を映し出して確認しているのだと思います。そのためには自分自身が常に成長していくことが大切ですから、美術展を巡ったり、大学の生涯学習講座を受講したりする時間が次第に増えていきました。そうやって、絵画の研究、思索を深めていくと、それはいつしか営業トークのつかみを超えて、私自身の生きがい、ライフワークと思えるようになっていったのです。

自分だけの時間も見つかる「一石四鳥」のワークスタイル

派遣先で働く現在の生活を、私は「一石四鳥」と称しています。セカンドキャリアの働く場を得ながら、海外ビジネスで培ってきた知見を活かせるので「一石二鳥」。海外に進出したいという企業様がサポートを求めて最初にコンタクトしてくるのが「コンシェルジュ」です。最初の窓口となってよろず案内をし、その後も継続してバックアップしていく。素晴らしい技術を持っているけど、どうやって海外に足がかりを得たらいいかがわからず、一歩を踏み出せない企業様に、これまでの経験を活かしてアドバイスし、支援の施策を提案できる。長く海外ビジネスに従事してきた私には、これ以上はない仕事といっていい。

もちろん、ライフラークである絵画の研究に没頭する時間も持てています。これが「一石三鳥」。私は毎朝、最寄り駅から始発電車に乗って、職場近くのコーヒーショップで早朝の時間を過ごします。会社員時代は部下の報告を把握するマネジメント、顧客のメールをチェックする営業管理に費やしていました。それが、今ではどうでしょう。まるごと自分のライフラークのためだけに使えるのです。この朝の数時間が、私にとっては至福のひと時になっています。

そして、9時から5時まで業務効率を考え、集中して仕事をこなしたら、あとは家族との時間が待っています。平日の夜に妻や娘とゆったり過ごすのは、これまでの仕事人生では叶えられなかったことでした。テレビを見たり、晩御飯の食卓を囲んだり、実に何気ないことです。土日に妻と出かけることも増えました。今、そんな何でもないような時間が、私の人生のかけがえない時間になっている。これが最後の「一石四鳥」です。

62歳にして、大きなやりがいが感じられる新たな仕事と出合い、絵画と通信ネットワークを連関させることから始めた研究、さらに発展させて絵画に顕われた昔の人々の世界観を現代に生かすための思索というライフワークの時間も確保できた。そして、家族との時間も豊かに持てている。「海外ビジネスの下支えをしたい」という思いから模索したキャリアチェンジですが、ライフワーク、家族への思いを乗せることで、非常に有意義なものになりました。

新たに始まった仕事と生活に漕ぎ出して1年が過ぎ、今のところ私がイメージしたギアチェンジはかなり順調に滑り出していると思っています。派遣先の仕事もやりがい十分ですし、絵画と先端技術の連関研究も思いどおりに進めることができている。これからも、このワークライフバランスを維持しながら、人生の後半戦を楽しく過ごしていければいいですね。

Personal Data

▶**住まい・家族構成**
妻と娘2人。長女は独立し、妻、次女と3人暮らし

▶**ライフシフト前後の変化**
【時間の使い方】以前は部下のマネジメントに使っていた時間が自分のためだけに使える。終業後と週末は家族と過ごし、豊かな時間を過ごせている
【収入】定年後の子会社転籍、現在の派遣スタッフと、段階を追って収入は減ってきたが、身の丈に合わせた生活を考えやりくりすれば問題ない
【仕事のやりがい】海外経験を存分に活かせている
【人間関係】中小企業を支援する「よろず相談窓口」として、日中は企業回りが多い。新たな関係を築いていく喜びがある

▶**座右の銘**
「直ぐに役立つことは直ぐ役に立たなくなる」。既製のものを単に取り入れるのではなく、自分自身で見つけ出さなければ、どんな仕組み、やり方も身につかない

▶**これからチャレンジしたいこと**
ライフワークの考察を突き詰め、アウトプットにつなげていきたい

あきもと・ふじお
1954年、神奈川県生まれ。大学院修士課程修了後、日本電気（NEC）に入社。一貫して通信機器・コンピュータの海外向けビジネスに携わる。リビア、シリア、アメリカ、ニュージーランド、アルゼンチン、オランダなど、海外への赴任や長期出張を含めグローバル経験も豊富。仕事の傍ら、趣味の美術鑑賞も満喫してきた。60歳で定年退職後、インドの子会社に移籍して日本支店に勤務。62歳で完全退職。現在は派遣先に週5日のフルタイムで勤務している。

秋本さんのライフシフトのポイント

◆自分の「使命」を自覚する

自分の人生のミッション、使命とは何か。これを自覚することはライフシフトの核となる。一貫して海外関連業務に携わってきた秋本さんは、その経験を活かして海外進出する企業をサポートすることが「使命」と自覚。ぶれない軸でこれ以上ない仕事を引き寄せた。

◆今後の人生で大切にしたいことを明確にする

定年を機に、趣味や家族との時間も大切にする生活への“ギアチェンジ”を考えた。完全リタイアには時期尚早と、仕事と趣味の区別が明確にでき、メリハリのある生活が送れそうな「別の企業で週5日、9時～5時で働く」選択肢を選ぶ。今後の指針が明確だった結果だ。

◆派遣会社を活用する

そのうえで「つまらない仕事は絶対にやりたくない」と考えていた。勤務時間や内容などの条件を満たす仕事を得るべく、派遣会社に登録する方法を選んだ。派遣会社は豊富な情報を持ち、自らが探すよりも早く確実に探せるメリットがある。それが奏功したかたちだ。

取材協力／株式会社リクルートスタッフィング

海外とのかけはしに

英語よりも「おもてなし」の心が大事。互いの理解が深まることが何よりの喜び

妻とともに70歳で民泊業を始めAirbnbの「スーパーホスト」に

ケース3

末光正忠さん（73歳）

住宅宿泊事業（民泊）オーナー

自宅をリフォームし、同い年の妻と共に民泊業を始めた末光正忠さん。利用者へのきめ細かいサービスが評価され、民泊サイトAirbnbの「スーパーホスト」に認定される。民泊新法施行から1カ月半で、5カ国、延べ182人のゲストに利用されるという大人気民泊に。外国人と身近に接することで「母国を愛する思いはみんな同じ」ことを再認識するとともに、民泊事業は「日本の第一印象を左右する仕事」と自覚。歴史や哲学が好きな末光さん。昔から変わらない日本人の精神文化を外国人に伝える役割もエンジョイする毎日だ。

大学を卒業した私が就職したのは、東京都の武蔵野市役所です。公務員になろうと思ったのは、福利厚生が充実していて、余暇時間がたっぷり取れそうなところにひかれたから。大学では心理学を学んでいて、研究者になるのもいいなと思っていたのですが（笑）。でも、60歳の定年まで、税金、市民相談、広聴、条例づくり、年金、福祉、環境、教育、文化事業、子ども対策、水道と、実にいろいろな仕事を経験できました。定年後も、64歳まで嘱託として市民農園や放置自転車の管理を手がけましたが、市民サービスの仕事は私の性に合っていましたね。妻はよく私のことを「後ろを向いている人に、こっちを向かせて『こんにちは』と言う人」と人に紹介するんですが、誰彼となくすぐ親しくなれる性格が本当に活かされたと思っています。

私たち夫婦が民泊業を始めたのには、様々な理由があります。まずは、民泊用に使える広さの家があったこと。38年前、34歳の時に建てたものです。義父が、実家の60坪の土地に「ここに君たちの家を建てなさい」と。当時、4歳、3歳、1歳の3人の子どもがいて、3Kの賃貸住宅が手狭になっていたことを知り、勧めてくれたのです。私の母と義父も一緒に暮らせるように、145㎡、5LDKの住宅を建てたのですが、家ができあがっていざ暮らしてみると、子どもたちがうるさかったせいか、二人とも新しい家に入らず、元の家で暮らしていました。そうなると、私たち家族だけでは家は広すぎます。そこで、ローン返済を少しでも楽にするため、学生用の下宿として部屋を貸し出すことにしました。

下宿屋を始めようと言い出したのは、働き好きの妻でした。小さい子どもを3人も抱えていれば、外に出て働くことなどできないからです。また、家の近くに女子大学があり、義父は、隣接の敷地内に女学生向けアパートを建てて貸していました。夏休みや暮れに帰郷する前に、私たちは彼女たちを家に呼んでご飯を食べさせて、送り出していたんですよ。ですから、他人を家に入れることに抵抗はありませんでしたし、私は人間好きなところがあるので下宿を始めるのに大賛成。下宿をやろうと決めた翌年の春から、3人の女子大生が一緒に住むようになりました。

再び始めた下宿が不発に終わり、民泊事業にシフト

下宿業は、3人の子どもたちに個室を与えるまでの間、7年間続けました。その後、長男と次男、長女の3人の子どもは次々に結婚して家を出ていきました。

こうして2階の3つの部屋が再び空くことになって、妻と相談した結果、30年ぶりにまた下宿をやろうと。私は満額で年金がもらえる64歳まで市役所で働きましたが、その後も何かしらの仕事を続けたいと思っていたのです。自動車の2種免許も持っていたので、当初はタクシーの運転手をやろうかと。これは妻に「危ないわよ」と反対されて断念。そこで、夫婦で環境問題に関心があったので、NPO法人MeCの設立に参加し、MeC西東京として、近所の石神井川の浄化活動を始めました。また、知り合いの衆議院議員の事務所の電話番や、大学同窓会の活動も。誰

かに頼まれると応えたくなるし、人のためになる仕事をすることが大好きなんですね。

下宿業も、そんな仕事の一つのつもりでした。しかし、肝心の家は、築35年が経ち、2階はモノが始末できない私の乱雑な納戸状態に。そこで、まずは断捨離を決行。その後にリフォームをして、専用の洗面所とシャワー室を新たにつくり、学生を迎え入れる準備を整えました。ところが、もう学生には下宿は不人気なんですね。結局一人だけしか集まらず、その学生も半年後に留学で出ていきました。ちょうどそのタイミングで、中国・新疆ウイグル自治区出身の大学の先生から「女子留学生を短期間住まわせてほしい」と頼まれ、引き受けることにしたのです。その縁で、病気の子どもの治療のために来日したウイグル人の家族を泊めた際、とある病院を紹介したらすごく感謝されました。この時に、いわゆる民泊の需要があることに気づいたんですね。

2015年、民泊紹介サイトのA・irbnb（エアビーアンドビー）が登場し、民泊というキーワードが話題になり始めていました。これはうちにとって、ぴったりのサービスじゃないか！と。しかし一方で、「外国人利用者は騒いだり汚したりする」「ゴミを大量に残して帰る」「備品がなくなった」などといったトラブルを伝えるニュースも。もちろん私も不安感がありましたが、先のウイグル人を預かった話や、国際協力機構（JICA）で働いていた弟から紹介された外国人を泊めた経験もあったので、やってみようと。何しろ、リフォームに250万円もかけましたから、最低でもその分は取り戻したいじゃないですか（笑）。

サービスが評価され最高の〝5つ星〟を獲得

そしてＡｉｒｂｎｂのサイトに家の情報を登録してみることにしました。担当者が丁寧に相談に乗ってくれたので、もろもろスムーズに進めることができたと思います。最初に決めたのは、宿泊料金です。都心部からはやや遠く、最寄り駅からも離れているので相場よりも安く設定しました。ご近所への配慮も重要です。「民泊を始めます。もし宿泊者がトラブルを起こすようなことがあったら連絡してください」と書いたチラシを配りました。幸いにも、今のところ大きな苦情はありません。

宿泊客向けのサービスとしては、車での送迎や、到着日の果物や飲み物の用意、自転車の無料貸し出しなどでしょうか。事前に、日本ではどこに行って何をしたいのかを聞いて下調べをし、参考情報を伝えることもありますね。基本、日々の運営は私たち夫婦二人が行いますが、妻が私のことをかまう時間が減ったことで、逆に夫婦関係が良好になったという一面も（笑）。また最近、次男の嫁が近隣マップの作成や宿帳の管理などを手伝ってくれて、本当に助かっています。

こうしたサービスが宿泊客にウケまして、宿泊客の皆さんがＡｉｒｂｎｂにどんどんレビューを書き込んでくれるおかげで、最高評価の〝5つ星〟を獲得し、「スーパーホスト」に認定されました。その効果もあったのでしょう。２０１８年6月に民泊新法が施行されてから、営業日34日の間に、中国、フィリピン、マレーシア、オーストラリアなどから延べ182人の宿泊ゲスト数を記録。施行前の半年間の10倍以上に急増しました。

新法の施行でルールが厳格化され、民泊をやめたところが多かったせいもあると思いますが、帰国するゲストを朝送り出してその夕方に次のゲストを迎えるといった忙しい毎日です。ちなみに私は英語が苦手で、海外旅行に出かけたのも数えるほど。なので、ゲストとの会話はもっぱら60言語に対応した通訳端末に頼っていますが、すごく便利で全く困っていません。また、パソコンやインターネットを使う作業が多いので、同年代の人と比べてITがかなり得意になったと思います（笑）。ちょっとしたIT能力と〝おもてなし〟の精神があれば、国際交流は決して難しいことじゃないと思いますね。

ゲストとのコミュニケーションで自分の偏見を解消

この仕事を始めてから、「自分たちのおもてなしが日本の第一印象を決める」ことを意識するようになりました。他人を自宅に迎え入れるという、いい緊張感もあります。以前よりもまめに掃除するようになって、誰よりも喜んでいるのは妻かもしれませんが（笑）。

ゲストには必ず日本の印象を聞くようにしています。みなさん一様に「きれいで清潔な国」と答えますね。ある中国人女子学生のゲストに、私たちが石神井川の清掃ボランティアをしている話をした時のことです。彼女は「中国はスモッグがすごくて環境が悪く、恥ずかしいし、悲しい」と言う。妻が「石神井川も昔はドブ川で、近づくと臭かった。それをみんなが努力してきれいにしてきた。あなたたちの国は今、その途中にあると思う」と話すと、「私も国に帰ったら、自分にできることを始めたい」と言ってくれました。夫婦で感動しましたね。

正直、中国に対していいイメージは持っていませんでしたが、母国を愛する思いはみんな一緒なんですよね。いろんな国のゲストとコミュニケーションしてみると、お互いの違いや共通点がこれまで以上に見えてきます。そこからわかるのは、偏見は思い込みに過ぎないことが多いということ。歴史が好きな私は、昔から変わらない素晴らしい日本文化をゲストに伝えたいと思っています。かつては戦争などで不幸な時代もありましたが、日本人の本来の心性は「相手を思いやる」ということです。そんな話をした時に、ゲストが共感してくれると本当に嬉しい。「私の国に来ることがあったら、ぜひうちに泊まってください」などと言ってくれるゲストも多いんですよ。

なんにせよ、民泊を始めて本当によかった。年金で細々と暮らすのもいいですが、仕事をしているとやはり毎日充実感がありますね。忙しく立ち働くことが、いい健康法になっていると思います。民泊経営から得た収入で子どもたち家族を連れて沖縄旅行にも行けましたし。東京オリンピックが行われる75歳までは、この民泊を続けようと思っています。その後は、うちを使ってくれたゲストの方の国々を妻と旅行して、彼らの家を訪ねてみるのも面白いですね。

Personal Data

▶住まい・家族構成
妻と同居。子ども3人、孫3人。子どもは全員結婚し、近くに住む次男夫婦が民泊業を手伝ってくれている

▶ライフシフト前後の変化
【時間の使い方】 民泊開業後は夫婦で大忙しに。ゲストの門限は特に決めていないが、終電までには帰ってくるのでその時間まで起きていることもしばしば
【収入】 定年後はファンドの配当金と退職金の運用、年金で現役時代の70%の収入。民泊開業後、月12万円ほどがプラス。
【仕事のやりがい】 おもてなしで日本人の気持ちを伝え、日本の印象を良くすることに喜びを感じている
【人間関係】 民泊業を始めてからは、ゲストと帰国後もやりとりする関係ができた

▶座右の銘
「和敬清寂」「けれども地球は回っている」。影響を受けた本は、歴史哲学者の仲小路彰著『未来学原論』。人生哲学として繰り返し紐解いている

▶これからチャレンジしたいこと
自分の父や祖父の、世界大戦という人類史上未曽有の時代を生きてきた記録をまとめて人に伝えたい

すえみつ・まさただ
1945年、山口県生まれ。新聞記者の父親の転勤により小・中学校の9年間で6回の転校。東京都立大学で心理学を学び、卒業後は武蔵野市役所に就職。60歳の定年まで様々な職場を経験し、定年後は嘱託として64歳まで勤務。34歳の時に西東京市の妻の実家の敷地内に5LDKの自宅を新築し、部屋が余ったため翌年から7年間、近くの武蔵野女子大学（当時）の学生向けに下宿業を行う。70歳で民泊業を始め、2018年6月の民泊新法施行と共に事業者登録。NPO法人MeCの常任理事、MeC西東京代表も務めている。

末光さんのライフシフトのポイント

◆気負わず、外国人を受け入れる

昔から、誰彼となくすぐ親しくなれる性格だった末光さん。妻も、広い自宅を稼働させようと下宿業を発案するなど人を家に入れることを厭わなかった。たまたま外国人を泊め、世話をして喜ばれたことを機に、話題となった民泊に着目。まさに“天職”を得た。

◆語学は気にしない。ホスピタリティで勝負

海外旅行の経験も少なく、語学もできなかったが、臆することはなかった。実務では翻訳機という強力な武器に助けられ、支障を感じていない。一方、マメな布団干しや清掃、様々なサービスといった“おもてなし”に努める。これで民泊サイトの「スーパーホスト」に選出。

◆妻や家族の協力を得る

民泊業は夫婦での共同作業。妻の全面的な賛同と協力が得られてこそ成立している。また、次男の嫁が近隣マップの作成や宿帳の管理などを手伝って助けてくれている。人気を獲得しているだけに忙しく、夫婦が向き合えない時間が増え、かえって夫婦仲が良くなった。

まとめ

法整備が急ピッチで進む 訪日外国人向け市場は チャンスも豊富

経済のグローバル化が進展している今、どんな企業であっても海外と関わらない企業活動はあり得なくなっています。さらに、日本国内は人口減少社会に突入し、中小企業にとっても海外進出は欠かせないテーマ。三浦さんや秋本さんのように、グローバル企業で豊富な経験があれば、ビジネスを通して「海外とのかけはし」になるというライフシフトは有望な選択肢になるでしょう。

「住みたいところへ」の章で紹介する中田さんのように、日本語教師となって活躍するという手もあります。活躍の場は中田さんのような海外だけでなく、国内で日本に滞在する外国人に教える人もいます。

訪日外国人向けのサービスを通じて、「海外とのかけはし」になるチャンスも大いにあります。インバウンド旅行者誘致政策もあって、2017年度の訪日外国人は、前年比19・3%増の約2869万人に達しています。三浦さんが取得した「通訳案内士」は高度な語学力と日本文化の知識が必要な国家資格ですが、通訳ガイド不足を反映し、2018年1月に改正通訳案内士法が施行になり、資格がなくても有償で通訳ガイド業務ができるようになりました。また民泊が重要な観光インフラとなり、民泊新法が2018年6月に施行され営業ルールが整備されています。Airbnbのような民泊サイトがあって手軽に集客できるうえ、サービスのポイントなどノウハウをアドバイスしてもらえます。予約受付や清掃、カギの管理といった実務を代行する事業者も登場していますので、こちらも参入しやすくなっています。語学力がなくても、末光さんのように多言語の翻訳機があれば心配無用。ホスピタリティがあり異文化コミュニケーションを楽しめるタイプの人に向いているといえるでしょう。

価値軸／6 故郷に帰る

いつかは生まれ育った故郷に帰り、地元に貢献したい。そんな思いを抱いている人もいることでしょう。かつてUターンといえば、夫の故郷に夫婦で移住することが相場でしたが、人生１００年時代においては様々な選択肢がありそうです。

故郷に帰る

役職定年後の58歳、東日本大震災が発生。矢も盾もたまらず故郷へ

復興支援は天から与えられた使命。妻の理解に感謝しながら単身Uターン

ケース1

山崎 充さん（65歳）

岩手県 沿岸広域振興局
経営企画部 産業振興室
販路拡大コーディネーター

東日本大震災で壊滅状態となった岩手県大槌町。テレビに映し出される変わり果てた故郷の光景にショックを受け、復興支援の役に立とうと大型運転免許を取得して帰郷した山崎充さん。ボランティアセンターの送迎ドライバーを皮切りに、水産加工工場の立ち上げ支援、田野畑村から陸前高田市まで約１２０㎞に及ぶ三陸海岸地区産品の販売促進や観光ＰＲ、雇用促進に奔走した。さらに、落花生栽培・加工という産業創出にもチャレンジ。１年限定のつもりが、早７年——叶えたいのは、震災前日よりも復興している故郷の姿だ。

1976年に東芝メディカル（当時）に入社して以降、一貫して営業です。最初の配属は仙台支社で、その後、山形、秋田、盛岡、下関、千葉、また盛岡、仙台と、3〜6年おきに転勤を重ねました。山形時代に結婚し、ここで長女が誕生、秋田で次女が誕生し、それからは家族を引き連れての転勤生活です。妻は大変だったでしょうが、子どもたちは引っ越し初日に友だちをつくっていましたね。

千葉で落ち着きそうだったので家を買ったけれど、結局2回目の盛岡へは単身赴任。次の仙台で56歳の役職定年を迎え、東京本社の営業企画部門で働くため、家族が住む千葉に戻りました。やることは医学系の学会設営や先生のお手伝い。それまでに比べれば、なんとも楽ちんな仕事ですよ。営業時代は、100万円台から10億円以上の高額医療機器など、実に様々な医療機器を扱いましたが、理屈や論理、価格では売れません。完全に、決裁権者である院長や教授との人間関係がものをいう世界なのです。競合他社との競争は激しさを極め、言葉にはできない戦略も何度か講じました。業界からは「日本一の営業集団」と恐れられていましたね。そんな営業の最前線から外れた当時、60歳の定年後のことなど何も考えていませんでした。

泣きながら国道45号を運転して大槌に帰郷する

58歳になった年の3月11日、14時46分。私は東京・本郷のサテライトオフィスにいました。ひどい揺れに、誰かが「テレビをつけろ！」と怒鳴ったことを覚えています。窓を見て驚いたのは、近くの超高層ビルがねじれるように揺れていたこと。すぐ千葉の自宅に電話を入れ、まずは家族の無事を確認。しかし、岩手県大槌町の母や北上市の姉には電話がつながりません。

会社のテレビで見た津波の映像に、強烈な衝撃を受けました。大槌の上空から撮った映像では、実家近くのスーパーが燃えている。大槌に住む母と一緒に難を逃れた姉からは、翌日の夕方にメールが届きました。安否が確認できて、心底ほっとしましたよ。聞けば、地震発生の直後に送信したというので、1日以上経ってから届いたんですね。すぐに大槌へ飛んで行きたかったのですが、交通手段が遮断されそれも叶わず……。5月中旬、やっと車で実家に帰ることができました。

大槌の南側にある釜石市に入った時のこと。JR釜石駅を越えて中心部に入った瞬間、テレビで見慣れた被災の状況のはずが、しかし、さらにひどい光景と悪臭が飛び込んできました。防波堤が倒れ、見えるはずのない海が見える。車があちこちで横転している。泥だらけの市街で大勢の自衛隊員が作業をしている。私は泣きながら国道45号線を運転していたと思います。そしてやっと、元気な母と姉と再会することができました。

しかし、何度も見たテレビの凄まじい映像に、私の精神は壊されてしまったようです。あとで妻に聞いたら、急に黙り込んだかと思うと、テレビの映像を見て突然泣き始める……そんな状態だったと。自分ではよく覚えていません。そして秋頃になると、矢も盾もたまらなくなってきました。妻に「大槌に帰って、復興の手伝いをしたい」と話すと「もちろん賛成！そうしたほうがいいと思う」と。そして、2011年の12月、私は会社に退職届を出しました。

産品の販路拡大や観光客誘致、採用・雇用など〝よろず相談相手〟に

震災後のがれきを運搬するダンプの運転手が足りていないことを知り、退職後すぐ教習所に通い、大型免許を取得。ハローワークで大槌での復興支援求人を見つけ、電話をすると「住むところは？」と。大槌の町役場に問い合わせたら「数年すれば復興住宅ができる。それまで待ってほしい」との返事。ことは急を要しているのに……怒りが込み上げてきました。

ならばと、盛岡市役所に勤めていた同級生に連絡すると「本気でやる気があるのか？」と。「最低でも1年は支援活動に従事したい」と答えると、「3月に川井村（現・宮古市川井）の廃校跡にボランティアのベースキャンプをつくる。そこを手伝わないか」と言われたのです。現場に寝泊まりし、全国からのボランティアをバスで被災現場に送り迎えする仕事です。私は二つ返事で引き受け、川井村に向かいました。それから2013年5月まで、国内外から約2万人のボランティアを受け入れる活動に従事しました。

活動期間を終え、いったん千葉に帰ろうと準備をしていた頃、釜石市役所に勤めていた友人から岩手県沿岸広域振興局での求人があることを紹介され「もう少し手伝ってほしい。お前にピッ

タリの仕事だ」と言うのです。地域の水産加工工場の再建を支援するコーディネーターという話で、いよいよ復興フェーズに関われると喜んで応じました。

大槌町の仮設住宅で寝泊まりし、宮古振興局に通い始めました。被災した水産加工業者を訪問し、国の復興支援策を案内、活用してもらう仕事です。再建費用の4分の3は国が助成する、誰もが使いたいと思える支援策でしたが、行政の弱点がよくわかりました。行政はホームページで告知するだけ。しかし、業者の方々はそんなものを見ていません。また、職員は大災害からの復興にもかかわらず、前例がないことには柔軟に対応できない。だからこそ、民間出身者の私に声がかかったのでしょう。その調整業務は、複雑な利害関係者が絡み合う営業の修羅場を潜り抜けてきた自分にはわけもないことでした。

その仕事を通じて、たくさんの人にお会いし、わかってきたのは、再建支援だけでなく、産品の販路拡大や観光客誘致、雇用のニーズも高いということ。それらの相談に対応しているうち、管轄エリアが拡大。そして地域を行き来しながら、シイタケの販路開拓コーディネート、大手旅行代理店と組んだ被災地見学ツアーの企画、さらには台湾まで出向き、インバウンドの誘致提案も行いました。

台湾行きには、総額50億円もの見舞金を被災地へ寄附してくれたある団体にお礼をする目的もありました。岩手出身の政治家・後藤新平が、明治時代に台湾総督府民政長官を務めた際、ダムや鉄道、橋をつくり、それらは今でも使われています。その団体の代表者も含め、台湾の人たちにとって後藤は大恩人であり、今回の莫大な支援は、今も岩手県と台湾国民が強い友好関係で結ばれている証といえます。

「三陸落花生プロジェクト」を発足させ被災地に一つの希望の火を灯す

震災から7年が経った現在、震災前日の３月10日の〝復旧〟は果たせたと思っています。しかし、真の〝復興〟には至っていないという見方も。三陸地方の産業は、もともと衰退の一途をたどっており、そこに津波が追い打ちをかけた。被災地の首長は異口同音に、「釜石の製鉄所が勢いよく稼働し、サケ・マス漁で宮古の漁港の賑わった、あの日の三陸を取り戻す」と言っています。しかし、そこまでの〝復興〟は無理でしょう。私は、大震災の前日に比べて、少しでも多く産品が売れ、少しでも多くの旅行者が訪れてくれるための活動を、地道に続けるしかないと思っています。

そこで私自身、新産業の創出に乗り出しました。千葉から来たボランティアの方が、「岩手県でつくりませんか？」と千葉産の「おおまさり」という落花生の苗を持ってきてくれたのです。これは２００７年に千葉県が開発した、従来種の２倍もの大きさの新種。茹でて食べると甘味が強くて実に美味しい。岩手の気候でうまく育つか不安でしたが、たわわに実りました。14年に任意団体「三陸落花生プロジェクト」を発足させ、私が会長に就任。種を農家に提供すること、収穫した落花生を買い取り、千葉などの商店に卸すことが主業務です。現在、農家が40軒ほど集まり、今年は早くも1トンは収穫できる見込み。形の悪いものもソフトクリームやピーナッツバターなどの材料にできます。観光農園まで含めた〝6次産業〟に育て、被災地に一つの希望の火を灯したいと張り切っているところです。

1年程度のつもりが、早7年の月日が過ぎました。震災がなければ、おそらく故郷に戻ってこなかったでしょうし、定年後は無気力な日々を過ごしていたはず。いずれにせよ、この仕事を天から与えられた使命であると捉え、もう少し故郷の〝復興〟に尽力し続けます。なんにせよ、目の前にやるべきことが山積みですので、自分の将来のことは今のところ白紙です。あ、年に数回は千葉の家に帰って、妻に活動報告をしていますよ。いわば単身赴任ですから（笑）。妻は62歳になった今も、介護関係の仕事を張り切って続けています。長年連れ添ってきて、お互いもう空気のような存在なんですよね。でも、彼女には、ここまでやりたいことをさせてもらって、本当に感謝です。

Personal Data

▶**住まい・家族構成**
浸水した大槌町の実家は更地にして売却、母が町内に家を買い直した。今はここに留守番役として居住。千葉の家は妻が守っている。娘 2 人はすでに結婚

▶**ライフシフト前後の変化**
【時間の使い方】かつては毎日片道 2 時間の満員電車で通勤。現在は 10 分程度。この差は絶大
【収入】県からの報酬は月 25 万円で、前職の 1/3 に
【仕事のやりがい】会社員時代は組織の論理に縛られて自由にできない部分もあったが、現在はすべて自分の意思で行えている。その結果が地域復興につながる。やりがいが大きな仕事をさせてもらっている
【人間関係】被災地の事業者や自治体職員とは、復興支援を目的とした損得関係抜きの純粋な関係性で、清々しさを感じている

▶**座右の銘**
「朝（あした）には紅顔ありて、夕（ゆうべ）には白骨となれる身なり」（蓮如）。被災地で痛感。人間いつどうなるかわからない、人生とは無常なのだ

▶**これからチャレンジしたいこと**
「三陸落花生プロジェクト」を成長させていきたい

やまざき・みつる
1953 年、岩手県釜石市生まれ。大学卒業後、東芝メディカル（現・キヤノンメディカルシステムズ）入社。仙台支社に配属後、山形、秋田、盛岡、下関、千葉などの拠点で一貫して営業および営業管理職に従事する。56 歳で役職定年となり、東京本社の営業企画部門へ。その 2 年後、東日本大震災が発生。同年 12 月に退職、帰郷し、岩手県沿岸広域振興局の業務委託職員として復興活動に身を投じる。2014 年には「三陸落花生プロジェクト」を発足させ、新産業創出に取り組んでいる。

山﨑さんのライフシフトのポイント

◆大型免許をとって現地へ行った行動力

故郷が自然災害に遭えば、復興に力を貸したいと誰しもが思うだろう。山﨑さんは、「被災地で大型トラックの運転手が不足している」という情報を得ると、教習所に通って免許を取るほどの行動力を発揮。その免許で、ボランティアの送迎という重要な働きをした。

◆自分が貢献できることを自主的に見つけて動く

山﨑さんは現地の役所から依頼された仕事を通じて多くの人に会い、様々なニーズを知る。そのニーズに積極的に対応し、活動の幅を広げていった。前例がないと対応できない役所と違い、営業の修羅場を通じて身につけた調整能力を発揮して成果を上げていった。

◆妻の理解を得て、単身で U ターンした

仕事を持つ妻を自宅に残し、単身で被災した故郷に U ターンした山﨑さん。“単身赴任”生活は 7 年におよぶが、年に数回は帰宅してコミュニケーションを取っている。U ターンする際も妻に背中を押してもらえ、山﨑さんが安心して活動に取り組めている一つの要因に。

故郷に帰る

家族第一で移住した第二の故郷には、親身な人間関係とスローライフがあった

義母の介護で帰郷した妻と息子を追い59歳でＩターン。ゼロから起業

ケース2

大浜洋幸さん（64歳）

株式会社 Makrood Corporation 代表取締役

大浜洋幸さんは、漁業会社の取締役として海外合弁会社の経営にやりがいを感じていた。しかし、義母の介護のため、妻が実家のある鹿児島に息子と移住することに。その後、大浜さんは月2回、週末に鹿児島に通う生活を続けたが、1年後、「やはり家族一緒の生活を」と、役員定年までの6年を残し、59歳で会社を退職。妻の生まれ故郷へのＩターンを決断する。

そして、大浜さんは当地で起業を果たす。地方ならではの生活を楽しみながら、アジア産ハーブを用いた商品開発・販売を手がけるなど、充実した日々を送っている。

鹿児島の自宅で暮らす妻方の母が要介護状態になったのは、２００５年のことです。当時の妻の家族関係としては、義父が当地の２００床ほどの病院の理事長兼院長という多忙の身で、同じく医師である義理の兄は後継者として同病院に勤務していました。義理の妹もいて、やはり医師である夫と東京で暮らしていました。義母は義父の病院に入院しましたが、細かなことは実の娘が当たったほうがいいということで、妻と義妹が月１～２回ずつ交代で帰郷するという生活が始まったのです。そんな〝遠距離介護〟生活が２０１２年６月まで続きます。その５月頃から、義母は家族が付きっきりで見ていなければならない状態となり、なんとか対処していた義父からSOSが……。そこで、長女である妻が一人息子を連れての移住を決断しました。

当時、息子は私立中学の2年生。鹿児島にある同程度の私立中学に転校させましたが、妻の実家から通える距離にはなく、寮に入ったのです。私は東京の自宅での単身生活が始まりました。

当時、私はマルハニチログループの漁業会社である大洋エーアンドエフの取締役として、海外事業や農水産品の輸出入、食品工場の各業務を管掌する立場にありました。主業務は、ペルーに設立した合弁会社の日本側責任者としてのマネジメント。マルアナゴを獲って現地で加工冷凍し日本に輸出したり、巻き網船で漁獲されたカツオを、タイの缶詰工場や日本の鰹節工場に売るといったビジネスです。現地には役員会などで年2～3回出張しましたが、基本的にはリモートで漁獲状況をチェックし、今後の対策を考えるといった業務。自分たちが獲った魚をたくさんの人に食べてもらえることや、現地で発生する労務トラブルなど様々な問題に対処することを通じて多様な人間関係を築くことにやりがいを感じていました。

離れて暮らす、鹿児島の妻子のことを考え

さて、妻と息子をバタバタと鹿児島に送り出したものの、その2週間後に義父が心筋梗塞で急死し、次の日に義母が亡くなるという急展開となったのです。義父は現役でしたから、義兄や妻は後処理に大わらわとなったようです。家のことも整理事項が山のようにあり、結果的に片付いたのは翌13年の3月。介護の必要性がなくなっても、妻は東京に戻れなかったのです。

その間、もう一つの問題が持ち上がりました。息子です。大都会の真ん中にある学校から、のどかな環境の学校に移り、しかも初めての寮生活。寮には離島から来た生徒が多く、大都会の子どもたちとの違いに戸惑ったようです。部活で大好きなバスケットボールをすることが、唯一の楽しみで、多感な時期に生活環境が一変しました。同級生、寮生や教職員の励ましを感じつつも、知らず知らずストレスをためていったようです。寮の規則では月に2回の週末だけ外泊が許されており、私はその日に家族が待つ妻の実家へ通うことにしていました。息子に会った時、彼は親を心配させないように気丈に振る舞っていましたが、徐々元気がなくなって……。食べ盛りで、かつスポーツをしているにもかかわらず、食欲がないことに妻も私も心配を募らせていきました。

そんな13年9月、私は息子の学校近くに家を借り、移住することを決断します。妻は「息子には男親が必要」と。私も、やはり家族は一緒に生活することが第一、と考えました。ならば、私が動くより仕方ありません。せっかく馴染もうと努力している転校したばかりの息子を、また東京の学校に戻すわけにもいきません。もちろん、葛藤はありました。仕事は充実していましたし、息子が成長して落ち着くまで〝逆単身赴任生活〟でやり過ごせるのではないか、と。そして大きな気がかりだったのが、当時、神奈川県の平塚で一人暮らしをしていた85歳の母の面倒が見られなくなることでした。1カ月ほど悶々としましたが、両親をほぼ同時に亡くして不安な毎日を送っていた妻のこと、息子のことを考え鹿児島への移住を決心しました。

息子や妻は、私の仕事はどうなるのか心配してくれました。「大丈夫。なんとかなる」と言うと、少し安心した顔に。長い海外生活で培った語学力や海外とのビジネス経験を武器に、仕事はすぐ見つかると思ってくれたようです。しかし、今度は私がバタバタと退職手続きをすることになり、上司や同僚、部下に迷惑をかけてしまいました。関係を深めていた海外の取引先や現地スタッフに後任を紹介し、「よろしく」と頼むこともできなかったので。それでも、新入社員の頃から苦労を共にしてきた仲間たちは、「頑張れ」とエールを送ってくれました。

気がかりだった母に鹿児島行きを告げた時、寂しげになった様子を見て「ろくに親孝行もできなかったな」という後悔の念に襲われました。幸い、姉や親戚がフォローしてくれることになり、母は気丈に送り出してくれましたが、今でも心の片隅に悔やむ気持ちは残っています。

大好きなタイ料理の店を開こうと思い立つ

次は、私の仕事をどうするか、です。急な決断で、何の準備もしていませんでした。移住前は、定年後はポルトガル語やスペイン語でのガイドのボランティアをするつもりでしたから。そこで、鹿児島で何をやろうかと考えを巡らした時、タイ料理店を開こうと思い立ちました。

私が13歳の時に父が亡くなり、母が働いていたので、自分の食事はよく自分でつくっていました。子供の頃から料理に興味があって、ちょくちょく料理をしていたのです。

新卒で大洋漁業（現・マルハニチロ）に入社し、3年目から10年間、モザンビークに駐在していた時期、マラリアにかかったことがありました。その時、現地の医者が「発熱時の水分補給にとても良い」とレモングラスのお茶を飲ませてくれたのです。これがとても美味しく、まさに救われる思いがしました。また、タイでの漁獲物水揚げの立ち会いや缶詰工場に出張するたびにおいしいタイ料理を食べて以来、本当にタイ料理が好きになりました。そして、レモングラスはタイ料理の重要な素材でもあったのです。こうした思いが一気に噴き出して、タイ料理店を開くという発想に至りました。

さっそく、ＳＮＳで「タイ料理を教えてくれる留学生はいませんか？」と呼びかけてみました。

すると、鹿児島大学大学院に留学していた２人のタイ人が応じてくれたのです。料理を教わったある日「鹿児島の温暖な気候なら、タイ料理の食材を栽培できるのでは」と言われたことを機に、郊外に土地を買ってレモングラスやパクチーといった食材の栽培を始めてみました。

タイ料理では、レモングラスは根から茎までしか使いません。そこで、葉でお茶をつくり、料理を習ったあとにみんなで楽しみました。さらに、石臼でパクチーシードをすり潰した時に立った爽やかな香りがレモングラスに合うのではと感じ、面白そうだとブレンドしてみたところ……。これが大成功でした。現地で毎年11月に行われている「美山窯元祭り」で、試しにそのお茶を売ってみると大好評。「よし、これをタイ料理店で出そう」と自信を持ったのです。

東京では味わえなかった、素朴な人たちの親身さ

その店ですが、タイ人留学生が「知人のコックが来日するから雇わないか？」と持ちかけてくれたものの、息子の大学受験やいい物件が見つからない事情から頓挫。それを機に、自信を持てたレモングラスティーの製造販売へのシフトを決め、株式会社 Makrood Corporation を設立します（Makrood とは、タイ料理の主要材料であるコブミカンのこと）。製品となるお茶の材料のブレンド比率は私が試行錯誤して決め、ネットで知り合ったお茶屋さんに紹介してもらったＯＥＭ工場に製品化を依頼。これを県主催の商談会で出会った鹿児島市内のデパートや物産店に卸した

り、ネットで販売しています。始めて2年強が経ちますが、お茶だけで収益的に成り立たせていくのは難しい。そこで、これらのアジアンハーブと鹿児島の美味しい塩をブレンドしたハーブソルトや、鹿児島産ハーブと地元食材を融合させたスープなどの新商品を開発しています。特にハーブソルトの試作品は当地の料理研究家に「香りがいい」と評価され、期待しているところです。

起業に際して商工会や銀行、鹿児島大学、農家、卸先などのみなさんに誠意を持って接するようにしましたが、本当に親身に支援してもらいました。妻の親戚も、いろいろな人を紹介してくれます。それに、ここ鹿児島では、取れたての野菜や果物、魚介類が東京の3分の1の値段で買えるんです。また、近所に天然温泉の銭湯が3軒も。銭湯ですから、380円です（笑）。それらはすべて移住しないと味わえなかったこと。生活がスローに、より豊かになった感じですね。

一家が揃う生活が始まると息子の状態は安定し、食欲もみるみる回復していきました。中高一貫校でしたので、高校3年間も旧知の友人と楽しく過ごせたようです。しかし、息子はやはり東京に住みたいと東京の大学を受験し、東京の自宅に戻りました。立派に成長したので、もう心配はしていません。本人は東京の生活を楽しんでいるようです。妻は仕事のパートナーとして、手を広げたがる私を上手にコントロールしてくれています（笑）。私にとっては、ここ鹿児島が第二の故郷になりました。70歳までにできれば事業の後継者を見つけ、その後は私たち夫婦2人で好きな釣りでもしながら、骨を埋めると決めた鹿児島暮らしを楽しんでいきたいと思っています。

Personal Data

▶住まい・家族構成
鹿児島の自宅で妻と２人暮らし。長男は大学に進学し東京の自宅で１人暮らし中

▶ライフシフト前後の変化
【時間の使い方】 会社勤務時代は、休日はしっかり休むメリハリの利いた生活ができていたが、起業後は土日も仕事が気になってメリハリは喪失
【収入】 5分の１に激減。ただし妻が温泉給湯会社の役員を務めており、その給与で生活はしていける
【仕事のやりがい】 試飲会で「美味しい」と買ってもらえた瞬間や、好きな食材と地元の食材をアレンジする商品開発は無上の喜び
【人間関係】 会社時代の“縦の関係”がなくなり、OEM工場や料理研究家といった関係者との“横の関係”に

▶影響を受けた本
学生時代に作家・檀一雄の『檀流クッキング』を読み、世界中の食材を集めて料理することに憧れた

▶これからチャレンジしたいこと
70歳まで事業に精を出した後は、カナダのキングサーモンやアマゾンのドラードなど趣味の釣りの旅に出たいと願っている

おおはま・ひろゆき
1954 年、神奈川県生まれ。大学時代にポルトガル語を学び、卒業後に大洋漁業（現・マルハニチロ）に入社。モザンビークに10年間滞在するなど海外事業に従事。途中２年半休職し、在ポルトガル日本大使館で文化担当官として勤務。2003 年、大洋エーアンドエフに移籍し、役員として海外合弁企業の経営に携わる。12年、義母の介護のため妻が子どもを連れて鹿児島の実家に帰郷。2013年、59 歳で勤務先を退職、本人も鹿児島へ移住。16 年、現地で Makrood Corporation を設立した。

大浜さんのライフシフトのポイント

◆家族との暮らしを優先し、妻の故郷に移住

定年までの６年を残し、妻と息子の待つ妻の故郷への移住を決断した大浜さん。その理由は、家族揃っての生活が何より大事と考えたこと。その結果、体調を崩していた息子は健康を取り戻し、新しい事業に夫婦で取り組むことにつながった。

◆自分の「好き」を活かせて地域に貢献できる仕事を見つけた

大浜さんは、移住先でハーブを使ったお茶や食材づくりを始めた。この仕事は、長年の料理好きのセンスが活かせる。地元の食材ももちいることで、地域への貢献もしている。一方、起業にあたっては、地域の数多くの人たちに協力してもらえ、いい人間関係が構築できた。

◆田舎暮らしを楽しむ

定住にあたっては、当地での生活に魅力を見出す必要もあろう。大浜さんは、移住先の鹿児島で取れたての産品が格安で入手できたり、天然温泉の銭湯が近くにあったり、人々のスローな生活文化に接して、東京では味わえない田舎暮らしの豊かさを満喫している。

まとめ

単身Uターンや、妻の故郷への移住も選択肢。地方経済は人材を求めている

いつかは自分が生まれ育った故郷へ帰って地元に貢献したい。そんな思いを持っている人もいることでしょう。シニア世代ともなれば、親の介護という問題も切実になります。離れた故郷で、一人で生活する年老いた親の面倒をみたい。そうした動機でUターンを考え始める人も多いかもしれません。

かつてUターンといえば、夫の故郷に夫婦で移住することが相場でしたが、人生100年時代においては様々な選択肢がありそうです。山崎さんは、東日本大震災という特別な事情がきっかけでしたが、仕事を持つ妻を残して単身でのUターンというケースです。長い後半人生の一定期間、こうした2拠点居住という選択をする人も増えるかもしれません。大浜さんは、家族の事情がきっかけでしたが、結果的に妻の故郷で〝田舎暮らし〟を楽しめるようになったケース。70歳までは妻の故郷で起業した会社を育て、それ以降は夫婦2人で世界を旅することを計画しています。こうした移住のスタイルもあるのです。

故郷での働き方にもいろいろな選択肢があります。総じていえば、東京への一極集中が進む中、地方経済は人材を求めているといえます。経営者が高齢化し、後継者がおらず廃業を選択する地方企業も続出しているのです。そんな地方の企業にとって、山崎さんや大浜さんのような中央で活躍した経験を持つ人材は、まさに〝干天の慈雨〟となり得ます。また、働く側にとっても、地方経済の中で働くことには、中央ではなかなか得られない顧客や取引先との距離の近さや顔が見える関係性、共に地元を良くしていこうといった手触り感が得られやすいといえます。故郷の企業や団体に加わってトップをサポートするもよし、自ら起業するもよし。貢献の形は豊富にあるはずです。

価値軸 7 住みたいところへ

「定年後は田舎暮らしをしてみたい」「海外移住もいいいな」と漠然と思っている人はたくさんいることでしょう。けれども〝生涯現役〟を考えれば、定年まで待つ必然性はありません。ＩＴも進化した今、どうしたら住めるか考えてみると、意外と可能性は高いものです。

住みたいところへ

「迷ったら動く」を貫きたどり着いた、自分がこれからもずっと輝ける場所

51歳で東京から新潟に移住し、「作る人と食べる人」をつなぐ活動を開始

ケース1

手塚貴子さん（56歳）

有限会社フルーヴ 代表取締役

東京の大学を卒業後、数社で働いたのちに独立、経営者として忙しく働き、都会の生活を満喫していた手塚貴子さんは今、新潟の岩室地区で民家を借りて暮らしている。引っ越し当初は東京との二重生活だったが、素人ながら挑戦した米作り体験がきっかけとなり、心からやってみたいと思える仕事に次々と出合ってしまう。そして新潟に完全移住——のんびりとした田舎生活の予想は一転、地方発情報誌の発行、6次産業化プランナーとしての活動など、東京時代よりも忙しい毎日を過ごすこととなった。しかし、今の手塚さんの頭の中に「ストレス」の文字はいっさいないようだ。

私が東京の大学を卒業した頃、4年制大卒女性の就職はかなりの狭き門でした。中堅専門商社からなんとか内定を勝ち取り、宣伝広報として働いていたんですが、私、昔から言いたいことは言っちゃうタイプなんですね。結果、上司と何度もぶつかって、2年目に退職してしまいます。そのあとに勤めた広告代理店では約10年間、営業という名の何でも屋さんで、帰宅は終電、休日出勤当たり前という生活を送っていました。新しい仕事を覚え、やりがいもあったのですが、男性社員は役職も給与も年々上がるのに、女性社員の私はポジションも仕事も同じまま。きっと10年後もこの状況は変わらないと感じていたし、何より当時の私には人生の夢が何もなかった……。ふと、このままではいけないと思い立ち、退職したのが30代の後半でした。

そして、それまで培ってきた経験を活かして独立、有限会社フルーヴを設立します。Webサイトの作成やマーケティング・企画業務など、依頼された仕事はほとんど引き受け、全国の有名ラーメン店をPRするプロジェクトなど、面白い案件も経験しました。結果的に予想以上に忙しくなって、業績も年々向上。起業4年目には、東京の銀座から徒歩15分の〝ベイエリア〟にマンションを購入し、そこを自宅兼事務所として快適な都会生活を送っていたのです。当時はある意味、自分の夢が叶ったと思っていました。

でも、50歳という折り返し地点が近づいた頃、結婚せず、子どももいない私は、何のために生きているのだろうか？　今、自分がいなくなっても、誰も困らない存在なのでは……。人生の後半戦をどうやって生きていくべきなのか、いろいろ悩み始めるわけです。

もしも今、生まれ変わったら何をしたいか。浮かんできたのが、テニス選手と学校の先生でした。今からテニス選手になるのはさすがに無理だけど、先生ならなれるかもしれない。そう考えて大学院の試験を受け、働きながら修士課程に2年間通って大学の講師募集に応募したりもしました。けれども残念ながら道は拓けず、悶々とした日々が続きました。

お金のためだけの仕事を続けるのは人生を捨てることになる

そんな頃、喉から手が出るほど欲しかった大型のプロジェクト案件を受注したのですが、クライアントとひどくもめてしまって……。その時にあらためて考えました。私は、マンションのローンの支払いや、老後資金を蓄えるためだけに、〝やらざるを得ない〟仕事を必死でこなしている。これって残り少ない大切な時間の無駄遣いなのでは、と。そこで「今この瞬間、私が一番やりたいことは何か？」と真剣に自問した結果、その答えが〝田舎の生活〟でした。

田舎暮らしに興味を持ったのは、その数年前、酪農生産者団体からの依頼で通販サイトを制作することになり、新潟の牧場を見に行ったことがきっかけです。新潟には、東京にはない広い大地、きれいな海、山があって、真冬には白鳥が飛来します。なかでも岩室温泉が特に気に入り、「いつかこんな場所で暮らせたら」と憧れて。仕事の疲れを癒やしに何度かプライベートで訪れるようになっていました。

それから3年くらいでしょうか、ずっと新潟に移住するタイミングを探っていたのですが、いくら待っていても〝いつか〟は来ない、だったら今、動こうと決断。その時、私は51歳になっていました。Ｗｅｂを活用すれば、新潟でも東京の仕事をなんとかコントロールできそうでしたし、高速道路を使えば東京から車で4時間、新幹線なら2時間で行き来できます。現地でアパートを借りると月に4万円、駐車場は３０００円でこと足りる。当時、東京で借りていた駐車場代が月に5万円、これを充てれば新潟での生活費は十分賄えると踏みました。

２０１３年の11月、新潟に家を借り、東京との二重生活をスタート。購入して住んでいた東京のマンションはその後1年半ほど維持していましたが、賃貸に出したのち、最終的には売却。２０１５年5月に住民票を新潟に移してから、私の本拠地は完全に新潟です。

移住して始めた米づくり、用水路に落ちて肋骨を3本骨折

新潟に引っ越した当初の目的は、あくまでも田舎の生活を楽しみたかったから。自分でつくった米や現地の美味しいものを通販で売れたらいいなとは思っていましたけど。そこでまず、自分で食べるお米くらいは、有機肥料、手植え手刈り、ハザ掛けをする方法でつくってみたいと考え、動き始めました。ただし、私は3歳からずっと東京育ちで農業とは無縁、小さな虫すら触れない

(笑)。農業の常識をまったく知らなかったことも、良かったのだと思います。普通は無理といわれる田んぼを取材で出会った酪農家からなんとか貸してもらい、指導を受けつつ試行錯誤の日々を続けました。

自分の都合よりも田んぼ仕事を優先しなければならず、何度抜いても生えてくる雑草と戦い、作業後は疲れ切って食事もできないほど。時には日照不足や台風など、抗えない自然も立ちはだかります。田植えや稲刈りの時期にはたくさんの友人知人が手伝いに来てくれましたが、日常は孤独な作業の毎日です。用水路に落ちて肋骨を3本骨折し、救急車で運ばれたことも……。自分も含め都会の人たちは、そんな農家の苦労など知らずに食べ物を口にしているんですよね。

身をもってそんな経験をしたことから、農業の大変さ、大切さを多くの都会の消費者に知ってもらいたいと、「作る人と食べる人」をつなぐ、食べ物付き情報誌『食べる通信』の新潟版を発行することを決意します。東京で培ってきた通販サイトや広報誌の企画制作、営業などの経験をフルに活かし、2014年に『稲花 -ineca- 食べる通信 from 新潟』(以下『稲花』)の創刊にこぎつけることができました。

もちろん、順風満帆ではありません。なかなか購読者が集まらず、途中、休刊しようかと悩んだ時期もありました。でも、読者を含めいろいろな方に話を聞くと「この雑誌は価値がある」「大切なことを教えてくれている」など、嬉しい意見が返ってきたんですね。確かに、私はお金儲けのためにこの雑誌づくりを始めたのではない、ならば、続けられる体制でやっていけばいい。そう考え、スタッフにも事情を説明、納得してもらい、出版の継続を決めたのです。

創刊から3年が経ち、新潟と首都圏の交流が広がって、『稲花』は一定の役割を果たしたと思えるようになりました。また、私は新潟県の6次産業化プランナーに推薦されて以降、全国の農家の取り組みをお聞きして回っています。そのうちに新潟だけではなく、他の地域の素晴らしい農家の事例を知ってもらいたいという思いが強くなったんですね。で、2018年5月、『稲花』を『旅する食べる通信』にリニューアルしました。まだ収支はぎりぎりですが、地域を限定せず、これまで以上に作る人と食べる人のつながりを増やしていきたいと思っています。

新潟を拠点として、死ぬまでずっと働き、生きていく

東京に残してきた会社は、今も細々とコンテンツ制作業務を受けており、信頼できる外部スタッフが対応してくれています。売り上げ比率は新潟のほうが大きくなりましたが、利益率はまだ断然東京。できれば新潟の活動だけでやっていきたいのですが、人生100年時代、まだまだ時間はあります。焦らず徐々にシフトしていくつもりです。

これまでの人生を振り返って、貫いてきたことは「迷ったら、まずは動く」ということ。結局、何でも自分で動いてみなければ本当のことはわかりません。将来に疑問を感じたから、次を決め

ずに会社を辞めてみた。住みたくなった場所ができたから、二重生活を始めてみた。私はずっと独身で身軽な立場だったからできたともいえますが、そういう姿勢が結果として良かったのかなと思います。

新潟で暮らし始めた当初は、田んぼを貸してくれた酪農家の方から地域の情報やルールを教えてもらいながら生活をスタートし、その方を起点に、少しずつ人脈も広げていくことができました。生活面では、美しい大自然を豊富に楽しめる反面、大変な雪かき作業が生じるなど、良くも悪くも自然と共存していることが何よりの宝物と感じています。いずれにせよ新潟の方々は私を歓迎してくれ、様々な活動に協力してくれ、本当に感謝です。それに報いるためにも、何をお返しできるかを一所懸命に考え、行動しています。

２０１７年から始めた「五感を使って書く小学生作文教室」もそう。これは農業体験をした小学生たちに作文指導をして、感じたことを発表してもらうというものです。社会貢献なんて大それたことは考えていませんが、未来をつくる子どもたちに食べて生きることのありがたさを伝えることができたら嬉しいです。

そんな思いで、これからも日々、私は新潟を拠点に死ぬまでずっと働き、生きていくのだと思います。強い興味を持って本気で動き出せば、未来の可能性はどんどん広がっていく——56歳を超えた今も、そのことを実感しています。

Personal Data

▶**住まい・家族構成**
独身。母（東京の実家）と弟（結婚して練馬区在住）。100坪の民家を知人とシェアして新潟で暮らしつつ、『旅する食べる通信』の取材などで全国を旅している。東京に〝戻る〟のは、月に１回あるかないか

▶**ライフシフト前後の変化**
【時間の使い方】流れる時間を、分・時間単位ではなく、月単位、季節単位で感じるようになった
【仕事のやりがい】お金と生活のための仕事から脱却して、すべて自分でやると決めたことだけをやっている。責任は重いが、ストレスはいっさいない。東京に住んでいる時は老後の生活を心配していたが、今は「何とかなるさ」と思っている
【人間関係】東京ではほとんど仕事関係の人ばかりと会っていたが、新潟ではご近所付き合いが増えた

▶**座右の銘**
「一期一会」。すべての出来事に対して、その時自分にできる限りのことを提供するよう心がけている

▶**これからチャレンジしたいこと**
様々な地域の人たちと一緒にプログラムを作って、「五感を使って書く作文教室」を開催したい

てづか・たかこ
1962年、北海道生まれ、東京育ち。大学卒業後、専門商社、広告代理店などに勤務。2002年に独立し、企画・マーケティングを主業とする有限会社フルーヴを設立。13年、東京と新潟の二重生活をスタート（15年に完全移住）。米づくりを行うかたわら、「作る人と食べる人」をつなぐ食べ物付き情報誌『食べる通信』の新潟版、『稲花 -ineca- 食べる通信 from 新潟』（季刊）を創刊（18年５月『旅する食べる通信』としてリニューアル創刊）。新潟県の６次産業化プランナーとして“地元の新たな資源”を増やす活動にも従事している。

手塚さんのライフシフトのポイント

◆自分の中に芽生えた違和感ときちんと向き合う

現状への違和感を覚えるごとに、その思いをないがしろにせず、転職、独立と行動につなげてきた手塚さん。50歳を前に、ふと「何のために生きているのか？」と再び違和感を覚え、きちんと向き合った。このことで、ライフシフトの軸を見つけた。

◆迷ったら、まず行動する

大学院の受験、講師募集への応募、そして「一番やりたいこと」を自問自答した結果の“田舎の生活”の選択と、常に「迷ったら、まず行動する」という姿勢が手塚さんにはある。こうして農業の実践、情報誌の発行と「やりたいこと」に展開させていった。

◆移住先の人たちに感謝して恩返しをする

“住みたいところ”には、当然ながらコミュニティがある。彼の地で心地よく暮らすには、そのコミュニティとの良好な関係を築くことが不可欠。手塚さんは、歓迎し協力してくれた地元の人に感謝し、小学生への作文指導をするなどして恩返しを実践している。

住みたいところへ

ずっと惹かれ続けてきた街・京都に
62歳で移住し、鴨料理店を開業

自分で設計する人生を好きな場で刻むという、最高の贅沢を手にしたかった

ケース2

若月 誠さん（68歳）

株式会社セカンドステージ
代表取締役
鴨料理「みつふじ」店主

生まれ育った東京を離れて京都に住みたいと考えるようになったのは、還暦間近の頃。長く緩やかに惹かれてきた京都が、「居住する街」「終の住処」として像を結んだのがこのタイミングだった。若月誠さんは自分の感性を信じ、準備を進め、62歳の時に移住を果たした。若月さんは今、ライフワークである研修講師に加え、憧れの地で開業した鴨料理店の店主としても忙しい日々を送っており、文字どおり人生を謳歌している。

僕は東京生まれの東京育ちですが、幼少期を過ごしたエリアはすっかり様変わりしちゃったし、何度も引っ越しをしたものだから、もともと東京には〝アンカー〟を下ろしたいと思える場がなかったんですよ。

〝大人〟になると、住まいを構えるにしてもいろんな事情が働くでしょう。予算の問題、子どもを育てる環境とか通勤時間のこととか、時々において制約や優先事項があるものです。でも、一定のことを終えたシニア世代ともなればフリーハンドになる。僕自身、還暦を間近に感じた頃から、終の住処を意識するようになりました。何にも捕らわれず、自分にとって心地よい場を選べたら楽しいだろうなって。加えて僕の場合、妻と両親はすでに他界、子どもたちも独立しているという身軽さにも助けられ、移住を具体的に考えるようになったのです。

仕事に便利、暮らしも快適、かつ遊びも楽しい地はどこか……思いを巡らせるなか、浮上したのが京都。かつて修学旅行で訪れて以来、緩やかに惹かれ続けてきた街です。今の僕の職業はフリーランスの研修講師で、関西の現場に出向く機会も多かったから、帰りに度々京都に寄っていたんです。足を運ぶうち、その惹かれ具合が顕著になってきましてね。考えてみれば、毎日出勤する仕事スタイルじゃないし、主戦場である東京にだって2時間ちょっとで行ける。京都に移住しても、何ら差し障りがないと思ったのです。

住まいの手配がついて移住したのは62歳の時。ただこの時は〝お試し〟というか、長期滞在のつもりでマンションを借りて、週のうち2、3日は東京に滞在し、「仕事は東京」「遊びは京都」という生活でした。実際に暮らしてみると、京都という街は僕にとって非常に居心地がよかった。特にいいのが街のスケール感で、自転車15分圏内ですべての用が足りるんですよ。商店、病院などといった生活面での足場はもちろん、神社仏閣や映画館、飲食店などの遊び場もたくさんあって、街好きな僕にはたまりません。

一方で、仕事を終えて東京の街を歩いていると、次第に居心地の悪さやストレスを感じるようになってきたのです。対して京都は街の喧騒にあっても、少し視線を上げれば、峰の連なりや緑の木々に覆われた山を望むことができるから、何とも心がやすらぐんですよ。住んでみて、当初から頭にあった「働く・遊ぶ・暮らす」、この3つが快適であることを実感しました。東京のマンションを売却し、京都住まいを〝永住〟に変えたのは3年後のことでした。

50歳を境に迎えた大きな転換期。未来に目を向けて動く

振り返ってみると、僕の最大のトランジション（移行、変化）は50歳前後の1年間だったと思います。新卒入社したリクルートを退職して独立し、ガンを患っていた妻を見送り、そして早稲田大学大学院への入学……激動ともいえる時期でしたから。

リクルートでは営業、事業企画、総務などを経て、後半の13年間は「シーガルハウス」という

社員レストランバーの経営に就いていました。これは、会社が持っていたサロン機能を別会社化する際に、資源を生かして外食事業を展開しようと提案して実現したもの。当時30代半ばで、自分のキャリア開拓を意識していた僕は、この機会を通じて事業の経営を勉強したかったのです。実際、コンセプトワークに始まり、スタッフや料理人さんたちのマネジメント、計数管理などといった〝経営業〟を経験させてもらったことは、本当に大きかったと思います。

49歳で辞めたのは、「自分なりに精一杯やった」という感覚があったのと、当時のリクルートはインディペンデントを重んじる空気がとても強く、50歳前には皆〝卒業〟するのが当たり前だったからです。さらにこの頃、妻はすでにホスピスと在宅ケアを交互に繰り返している状態だったので、介護に時間を取りたいという思いもありました。

妻を見送ったのは会社を辞めた半年後。それなりのケアはしたと思いつつも、しばらくは喪失感のなかで自分を責め続けました。勤め人じゃないから朝起きる必要もないでしょう、夜中までずっと酒を飲むグダグダの生活になってしまって。「俺、やばい。このままだと自分の将来がないぞ」——何とかしなきゃと考え、出した答えが「早起きをする」、要は規則正しい生活をすることでした。それが大学院入学につながっているんです。

やはり大きな転換期でしたね。人間にとって最も大きなストレスは家族の死だといいますが、退職や受験・入学もけっこうなストレスになるそうです。この3発を1年間でまとめてやったという……。でも、結果は複数のストレスが互いを打ち消し合ってくれたというか、未来に目を向けることで喪失感から脱却することができた。動いたからこそ「もった」のでしょうね。

学びを経て、ライフワークと独立した働き方を手にする

大学院入学に関してはいくつかの背景もあります。僕はもともと学ぶことが好きで、会社に勤務しながら科目等履修生として大学院に行ったりしていたんです。実社会の経験に紐付いた学びは得るものが大きいと感じていたし、退職後、もう企業に属する気がなかった僕は、自分で食っていくためにも、一度きちんと学び直しをしたいと考えていました。

加えて、折しもリクルートから業務委託の話があり、それが当時立ち上がったキャリア支援センターでの仕事でした。とはいえ、キャリアカウンセリングの経験はない。やるなら新たに勉強せねばという思いもあり、つまりは、複数の要素がクロスした先に大学院があったのです。

大学院では主にベンチャー企業論と人材育成を学び、それらが現在の仕事の基盤になりました。入り口は声がかりでしたが、キャリアカウンセリングや企業研修の仕事はすごく僕の性に合っていて、もはやライフワークになっています。柱として伝えている「自分のキャリアを自分で設計する大切さ」は、そのまま僕自身にも返ってくるもので、様々な気づきをもたらしてくれます。やりたいこと、置かれている現状、持てる資源、逆に足りないものは何か、そういったことと常に

向き合う仕事だからでしょうね。

独立した働き方も性に合っていました。あらかじめ決まっている仕事の日程以外は、何をどう組み立てるかは自由ですから。歳を重ねてきたなか、時間は自分でコントロールしたいという思いが強くなった僕にとっては、これが大きい。やりたいことをやりたい時に、行きたい時に行きたいところへ――そんな思いの集積が、最終的に京都移住に結びついたように思うのです。

経験や縁をリンクさせて、温めてきた企画「鴨料理専門店」を開業

70代、80代を生きていくのにもっと勉強したいし、遊びも暮らしも充実させたいという気持ちは強いです。その実現に向けて踏み出した一歩が飲食店の開業で、「みつふじ」という鴨料理専門店を2016年にオープンしました。僕は研修講師業を続けつつ店主として経営にあたり、調理や接客などはパートナーに委ねています。そのパートナーとは京都に移住してからの新しいご縁。当初は人脈などなかったのですが、僕は居酒屋とかバーに行くのが大好きだから、出入りするうちに地元の人たちと親しくなって、いろんなことを教えてもらったり、引き回してもらったり……彼女もそんなありがたい飲み仲間の一人でした。

ちなみに、京都の人は閉鎖的だとよく言われますが、そんなことは全然ありません。確かに商家がたくさんあった中心部はハードルが高いかもしれないけれど、それは歴史ある街ならどこも

同じでしょう。新しい地に馴染もうと自分から動けば、必ず受け入れてもらえるものです。

僕は「お店をやりたいよね」という話は、彼女と将来の話をしているなかで出てきたのですが、僕で、もう一回食に関連する事業を起こしたいと思っていたのでドンピシャでした。この時に浮かんだのが、鴨料理の専門店。横浜に美味しい鴨料理屋さんがあって、よく通っていたんですけど、自分なりにアレンジすれば面白いお店ができるかもと思っていました。もちろん、ベースにはリクルート時代の飲食店経営の経験があります。意外にも、京都でいう鴨料理ってイコール鴨鍋で、夏場は商売にならないからと専門店を銘打つ店がなかったんです。ならばしっかりとした質の高い鴨料理を展開すれば勝負できると判断したわけです。

店の開業資金についても、東京のファミリータイプのマンションを京都の一人住まい用に買い換えた際に出た差益で賄うことができました。60歳を過ぎてからの起業って、実はリスクが低いんですよ。年金もあるし、大きな借財さえ背負わなければ仮に失敗しても食っていくのはセーフですから（笑）。

いろんな経験やご縁がつながって事業を始められたことで、また新しい充足感を手にしました。とにかく毎日が楽しいですよ。今後、研修講師としての仕事は、同世代であるシニアに寄り添うかたちでのキャリア支援に移行しつつ、店を大切に育てていきたいと考えているところです。自分自身で設計する人生を好きな場で刻む——これって最高の贅沢かもしれません。

Personal Data

▶**住まい・家族構成**

東京在住の息子2人は独立。65歳の時に「京都永住」を決め、購入したマンションで一人暮らし中

▶**ライフシフト前後の変化**

【時間の使い方】午前中を研修準備に充て、午後は外出や家事という基本スタイルは、あまり変わっていない。店には毎日夕方から顔を出すというパターン

【収入】50代からほぼ横ばいか微増。移住後も変わらず仕事の量を確保できるか、若干の不安はあったものの、結果は影響なし

【仕事のやりがい】変わらずやりがいはある

【人間関係】東京時代の仕事関係者以外とのかかわりは希薄になったが、逆に関西方面で途絶えていた人間関係が復活。加えて京都で広げていったネットワーク、日々店で生まれる新しいつながりが財産に

▶**座右の銘**

「そなえよつねに」

▶**これからチャレンジしたいこと**

企業研修からシニア世代個人向けのキャリア支援にシフトしていく。「みつふじ」を鴨料理専門店としてさらに進化させ、ブランドを確立する

わかつき・まこと

1950年、東京都生まれ。大学卒業後、リクルートに入社、26年間在籍。営業、総務、新規事業などに就き、後半13年間は関連会社（外食事業）の経営者を務める。99年に退職・独立。52歳で早稲田大学大学院修士課程を修了。企業研修の講師やキャリア研修プログラム開発に携わる。2012年、念願の京都移住を実現し、4年後に鴨料理店「みつふじ」を開業。2級ファイナンシャル・プランニング技能士、1級家事セラピストなどの資格も持ち、多才に活動する。

若月さんのライフシフトのポイント

◆**在職中から主体的にキャリアを築く**

ライフシフトには、「自分の人生は自ら切り拓く」というオーナーシップが不可欠。若月さんは、会社員時代の30代半ばから自らのキャリア開拓を意識して事業の提案をしたり、大学院に通うなどしていた。こうした素地が、生活の立て直しや学び直しにつながる。

◆**学び直しで強みをつくる**

自由に住む場所を選べるようになるためには、会社に縛られず、どこに住んでも収入を得ることができるスキルが必要だ。若月さんは大学院でベンチャー企業論と人材育成を学び、フリーランスの研修講師としてやっていけるだけの基盤を築いた。

◆**“お試し移住”をしてみる**

住んでみたい場所が本当にいいかどうかは、しばらく暮らしてみなければわからないだろう。そこで若月さんは、「仕事は東京、遊びは京都」という感覚で京都にもマンションを借りて行き来しながら長期滞在した。これで“永住”を決め、飲食店の開業にもつなげた。

住みたいところへ

海外に出たことで、自分の価値を再認識。新興国を渡り歩く、この生活を70歳まで

ソニーを55歳で早期退職、ベトナムを拠点に技術指導と日本語教師で活躍

ケース3

中田敏行さん（61歳）

CSS（Creative Skills Sharing Company）Co.,LTD
代表取締役社長

ソニーの技術系管理職として中国の工場に赴任し、8年間、品質管理の指導に従事した中田敏行さん。その間に、海外での日本語学校設立を構想し、早期退職募集に応じて日本語教師養成講座で学ぶ。「ダメだったら戻ればいいだけ」と、アルゼンチンに旅立つ。その後、欧州、アジア諸国を渡り歩き、市場調査を敢行。結果、学校設立は断念したが、技術指導に自分の価値を見いだし、会社を設立。「自分の価値は新興国で輝くことがわかった」と語る中田さん。70歳までは今の仕事を続けながら、海外生活を満喫するつもりだ。

私は今、ベトナムのホーチミン市を拠点に、在ベトナム日系企業の経営顧問、スリランカの文房具上場メーカーへの技術指導、日本語の個人授業および日本人学生を対象とした東南アジアの企業などへのインターン就業のマッチングなどを手がけています。

ソニーを退職した後は、海外で日本語学校を経営したいと思っていました。すでに英語、中国語を仕事で使っていましたし、日本語教師は世界中どこでもできる仕事です。また、私のような技術系出身の男性日本語教師は非常にレアな存在でしたから、いけそうだと思いました。ただ、55歳で会社を早期定年退職して日本語教師養成講座に通い、世界を巡りながら市場調査をした結果、日本語学校の経営は想定していたよりも収益性を含め難易度が高いことが見えてきました。それで学校経営は断念し、60歳を機にホーチミンに生活の拠点を置き、冒頭でお話ししたような仕事をしているわけです。日本国内の労働市場には、私と似たような専門技術者はそれなりに存在します。しかし、新興国で、私が会社員時代に培ってきた海外経験、技術力を活かし、通訳なしで指導できる人材は希少。海外でリサーチしたことで、私の能力が思った以上に必要とされていることがわかったわけです。

ラテン系の性格を自認する私は、現地の人の輪に溶け込み、３日もあればその国の環境に慣れる自信があります（笑）。毎日停電がある、虫やヘビがあちこちにいる――そんな暮らしだってまったく平気です。何より、諸外国の独特の文化、食べ物、人々のライフスタイルなど、新発見の連続で刺激的で面白い。私がこれほど自由に、かつスムーズに生活基盤を海外にシフトできたのは、バツイチ・独身、子どもはすでに独立している、という身軽さもあるかもしれません。

不安より希望が先立ち、希望退職に真っ先に手を上げる

子どもの頃からオーディオが大好きだった私は、専門学校で学び、憧れていたソニーに就職することができました。最初の配属先は東海地区の製造拠点です。自動測定治具の導入・メンテナンスエンジニアから始まり、液晶テレビなど製造部門のマネージャー、技術部で「プレイステーションⅡ」のプロダクトマネージャーを歴任。その後、資材部の部品品質保証マネージャーを任じ、ＩＳＯのシステム構築や環境監査などの知見も深めます。つまり、当時の世界最高峰といえるソニーの製造部門の本丸で、最先端の知識を吸収しながら、生産に関する貴重な経験を積んできたというわけです。

そして47歳の時に、中国華東・無錫に新設された1万人規模のデジタルカメラ工場の部品品質保証マネージャーを打診されます。海外旅行が趣味で、海外赴任希望の申請をしていたので、二つ返事でこの話を受けました。課せられたミッションは、現地協力会社２５０社の品質管理マネージャーに、ソニー基準の品質管理手法を教えること。新規工場をゼロから立ち上げる責任重大な仕事で不安もありましたが、それよりもこの仕事を任されたことがとても嬉しかったですね。

2013年3月に任期を終える半年前、全社一斉メールで早期退職募集の通知が送られてきました。前から噂は聞いていたので「ああ、ついに来たか」と。話は戻りますが、私は中国赴任時代、業務とは関係なく、仕事仲間の中国人に日本語を教えていました。でも、「私は」と「私が」を使い分ける理論的な説明がうまくできない。母国語を外国人に教えることの難しさと面白さを感じ、いつか日本語教師をやってみたいと思うようになっていました。大好きな会社を辞めることに若干の逡巡はありましたが、私にとって、早期退職の募集は、ライフシフトに踏み切る絶好のチャンス。息子に、「退職して、世界を旅することを考えている」と伝えたら、「30年も会社員として働いたんだから、新しい何かを探しに行ったら？」と。救われた気がしました。

「ダメなら戻ればいい」と、いきなりアルゼンチンに飛ぶ

退職後、すぐに日本語教師養成講座に入学、1年間かけて専門技能を学びます。まずは食べ物の話題などで相手をリラックスさせ、基本的な語彙や文法を教え、最後にお互いが会話をしてみるといった、一連の指導スキルを習得することができました。

そして講座修了の1週間後、私はいきなりアルゼンチンへ旅立ちました。普通の人なら、現地の状況を細かく調べ上げて、行くか行かないかを決めると思います。でも、実際に行ったほうが早いし、ダメなら戻ればいいだけ。私の指導スタイルも同じで、「どの方法がいい？」と聞かれた

ら「まず、自分でいいと思うものをやってみよう」と伝えます。そうやって失敗と成功を繰り返させることが、語学に限らずどんな能力でも早く身につけるための基本だと思っています。

アルゼンチン行きは、趣味で続けてきたアルゼンチンタンゴの本場！というのも大きな理由です。高校時代にダンスを始め、ソニーでは同好会をつくり、休日には名古屋のラテンクラブなどで教えるまでに。2003年に、アメリカで行われたワールドコングレスにも出場しています。さすがにレベルが高く予選で敗退しましたが。ダンスは世界中で楽しまれていて、どこにでもコミュニティがあります。そこに行けば、すぐに現地の人たちと仲良くなれる。ダンスは世界の〝共通言語〟。アルゼンチンの後、いくつかの国を巡りましたが、そのことを心から実感しました。本当にダンスをやっていてよかった（笑）。

アルゼンチンに着いてから調べたところ、ブエノスアイレス外語大学の日本語学科に日本人の先生がいることを知りました。その方とはブログを通じて連絡を取り合い、面接を受けた結果、アシスタントとして採用が決定。半年間、授業のお手伝いをすることができました。スペイン語を覚えながら日本語を教えるため大変でしたが、初めての日本語教師としての仕事です。一所懸命務め、その後すぐに現地の日本人学校で土日の日本語特別クラスを４コマ任されるなど、充実していました。

1年ごとに住む場所を変えて、自分の価値を発揮させ続けたい

この旅の第一の目的は、日本語学校設立のための市場調査です。現地の日本語教育の現場を訪問し、講座内容、授業料、教師の給料などを調べ上げようと。そのために使う費用は、退職割増金で十分に賄うことができましたしね。アルゼンチンで半年ほど過ごした後は、スペインに渡って3カ月、トルコで3カ月、ハンガリーで2週間、そしてミャンマーでは2年間を過ごしました。日本語学校を経営しているミャンマー人の社長と出会い、彼が私の履歴書を見て「ミャンマーの技術者不足の支援をしてほしい」と、4社の技術指導先を見つけてくれたからです。この時、「自分の価値は、やはり技術力なのだ」と実感しました。そういった意味で、誰かから求められる能力を培ってくれたソニーには、本当に感謝しています。

ミャンマーで技術指導の契約期間を終えた後は、スリランカへ。民間日本語学校があまりなかったコロンボで、「コロンボ日本語教師会」を立ち上げ、技術系日本語教師としての活動も本格的にスタートさせました。その後、ベトナムに拠点を移したのは、私のビジネスビザ取得に協力してくれた上場企業の社長でベトナムやタイに工場を持つ友人が、現地海外拠点のビジネスに力を入れていたことが大きな理由です。ホーチミンはベトナム最大の経済都市ですから、現在、技術指導の契約をしている企業があるスリランカなど海外へのアクセスも良く、食べ物も美味しい。住

み心地は最高です。ただ、仕事で各国を飛び回っているので、ゆっくり過ごすことがなかなかできないんですけどね（笑）。

さて、語学学校の設立は断念したわけですが、日本語教師の仕事には十分やりがいを感じています。〝元ソニーの技術者〟という〝＋α〟の付加価値で、相場の数倍もの報酬をいただいています。教え子が日本で就職できたり、日系企業の現地法人に入ることができたりすると、無上の喜びを感じます。久しぶりに教え子と会って「元気にやってるか？」「ガンバッテマス！」なんて日本語で会話ができることも、嬉しい瞬間です。

技術指導や経営顧問の仕事は、ほぼ1カ月ごとにスリランカとベトナムを行ったり来たり。例えばスリランカでの技術指導は、午前中は簡単なゲームを使って日本の生産方式を教え、午後は製造現場で直接コーチングを行います。指導料は1時間あたり日本円で1万円ほど。それは私への期待の表れです。だからこそ、企業への技術指導を通じて、新興国の発展に貢献していきたい。

そして、アジアの次は、友人が駐在していて、急成長が注目されているアフリカのウガンダで、技術指導の仕事をする計画を立てているところです。1年ごとに自分が求められる場所を変えながら、私が持っている価値を発揮させ続けようと。現時点では、70歳まではこの仕事と生活を続けるつもりです。そこまでやってから、日本に帰ることを検討してみます。もしも帰国したら、地域の公民館でダンスでも教えてみようかな（笑）。

Personal Data

▶**住まい・家族構成**
前妻（離婚）。オーガニック化粧品関連の仕事をしている長女と、20 代で起業したファッションデザイナー兼 CEO の長男が日本で生活している

▶**ライフシフト前後の変化**
【時間の使い方】 技術指導 70%、日本語教師 20%、それとダンス 10%（笑）。マイペースで楽しめている
【収入】 会社員時代の年収は 1000 万円ほどで、現在は約 300 万円。アパート代と食費などの生活費は月 20 万円もあれば余裕で、生活満足度は現在のほうが格段に上。ただし、海外では想定以上に医療費がかかるため、病気には細心の注意を払っている
【仕事のやりがい】 技術指導も日本語教師も、自分の努力で個々の能力が上がる点に存在意義を感じる
【人間関係】 勤務時代も現在も、取引先やダンス仲間と積極的に親交を深めている

▶**座右の銘**
「やってみてから考えよう。ダメなら戻ればいい」で物事の判断に迷わず

▶**これからチャレンジしたいこと**
アフリカに渡って、仕事と生活をしてみたい

なかた・としゆき
1957 年、愛知県生まれ。電気通信系専門学校卒業後、ソニーに入社。製造現場のエンジニアを皮切りに、製造・技術・資材各部門のマネージャーを経て、2004 年、中国に新設された工場の部品品質保証責任者として赴任。55 歳で早期退職制度に応募。海外での日本語学校設立を目指し、日本語教師養成講座で 1 年間学ぶ。講座修了後、海外 6 カ国で市場調査をした結果を踏まえ、17 年に日本（名古屋）で設立した CSS を母体に、ベトナムでの技術指導や日本人学生の海外インターンシップなどを手がける。

中田さんのライフシフトのポイント

◆まず行動。そして楽観的に、柔軟に

何かを始めるにあたり、「まず調べてみる」という人が多いだろう。ところが中田さんは「まず行動」で、いきなりあてのないアルゼンチンに飛び立った。行けばなんとかなる。ダメなら戻ればいい。そんな楽観的かつ柔軟な姿勢が、次の出会いや展開を生んでいる。

◆世界共通言語の趣味を持つ

海外で長く暮らしていくためには、孤立しないよう現地のコミュニティに溶け込むことが欠かせない。中田さんのダンスのように世界中で楽しまれている趣味を持っていれば、現地のダンスクラブに加わるなどしてコミュニティに入っていきやすくなる。

◆学ぶ＆市場調査をする

住みたいところで暮らすにも、生計を得る必要がある。その地でやろうと考えている仕事の能力が不足しているならば学ぶ必要があり、その仕事はどのように進めていけばいいか、情報が必要だ。中田さんは、そのいずれも時間や手間をかけてきっちりこなしている。

取材協力／ヒューマンアカデミー日本語教師養成講座

【住みたいところへ】

まとめ

自由な発想で住みたい場所にアプローチを。まずは２拠点居住から始める方法も

どこに住まうか。これは暮らしのクオリティに大きな影響を与える選択です。けれども、私たちはあまり自由な発想を持っていなかったのではないでしょうか。まずは仕事が優先。会社に通いやすいところに住み、転勤を命じられればどこへでも……。けれども、自分が人生の主人公であるならば、まずは住みたいところを先に考え、どうしたらそこで収入を得ていくことができるのかという順番で考えてもいいはずです。

しかも手塚さん、中田さんのライフシフトを見ていると、エリアによっては都会より生活費は格段に安く済み、それほど多くの収入を得る必要もないことがわかります。とはいえ収入を得ていく必要はあるので、手塚さんの企画・制作スキルや若月さんの飲食業のように、これまでの経験を活かすもよし、中田さんの日本語教師のように、専門スキルを新たに学ぶもよし。ＩＴの力を借りれば場所は無関係、という仕事もたくさんあります。

いきなり永住と構えずに、手塚さんや若月さんのように2拠点居住から始める。せっかくの長寿時代、中田さんのように10年程度住んでみる。そんな発想もあります。今回紹介した方々は皆身軽な単身者でしたが、夫婦で住みたい場所を考えてみるのも楽しいでしょう。

移住先では、現地のコミュニティとの関係を良好にしておく必要があります。中田さんのように、オープンマインドと世界共通言語とも言えるダンスのような趣味を持っていると、溶け込みやすくなります。

今、地方はどこも住民の減少に苦しんでおり、移住者は歓迎されるはず。まずは現地を訪ねて人間関係づくりから始めてみたり、住む場所を選べるだけのスキルを学び直すといった行動を起こしてみるといいでしょう。

価値軸8

家族とともに

夫婦や家族で共通の趣味があったり、いつか一緒にやってみたい夢があるのなら、それをライフシフトのテーマにするという選択肢があります。生涯現役で働き続けるためには、起業は注目すべき手段ですが、夫婦・家族での起業は様々なメリットがあります。

家族と
ともに

25年間のすれ違い生活を解消し、夫婦2人で同じ道を歩む人生へ

「雇われの身」に疲れて55歳で早期退職。夫とラーメン店を開業

ケース1

小林由美さん（58歳）

麺屋小林（ラーメン店）

55歳になった年、東急田園都市線の青葉台駅（横浜市）から徒歩10分のバス通り沿いで、夫とラーメン店を開業した小林由美さん。勤務先のシステム開発会社が合併、組織再編を繰り返し、やりたい仕事ができなくなった頃、早期退職の募集を機に独立への道を選択した。夫は長く飲食店の料理人を務めてきたプロ。自分が経営管理と接客をすればうまくいくと踏んだ。開業後は、それまでの昼夜すれ違い生活が一変。四六時中顔を合わせるため喧嘩も増えたが、〝街の洋食屋さん〟開業の夢に向けて夫婦で力を合わせている。

今の夫と出会ったのは、30歳の時です。当時の私はシステム開発会社のプログラマーとして、銀行のシステム開発プロジェクトに加わっていました。朝９時に銀行の開発現場に入り、打ち合わせやプログラミングをこなし、業務終了後にテストをして、帰宅するのはだいたい夜の24時という生活です。夕食は、ほぼ外食でした。マンションの近所にある数店の飲食店を日替わりで訪れ、ビールを１杯と定食で済ませていたんですよ。そのうちの１軒が私の部屋の階下にあった居酒屋で、そこで雇われ店長をしていたのが夫でした。

ある時、たまたま何日か続けてその店に通うことになって、彼といろいろ話すようになったんですね。「どんな料理が好きなの？」って聞かれて答えたら、次に行った時、「つくっといたから」と出してくれたり。その後も何かと優遇してくれるので、毎日のように通うようになりました。彼からアプローチされて恋仲になり、結婚したのは、私が32歳の時。お互い再婚です。彼には小学６年の女の子と5年の男の子の連れ子がいました。新しい家族４人の新居は、私が住んでいたマンションの上階に広い部屋が空いたので、そこに決定。主人は通勤時間が０分になりました（笑）。

ただ、結婚して一緒に暮らし始めても、私は朝早くから夜まで、夫は昼から深夜までの勤務ですから、生活面はほぼ完全なすれ違い。また、当時の私は転職後2年目で、人一倍仕事をしないと置いていかれると焦っていたし、技術は日進月歩で新しくなり、それについていくだけでも必死です。そんな状態でしたから、母、妻の役割はほとんど放棄。子どもたちの食事は、主人が店で食べさせてくれていました。さらには、長女、長男が反抗期に突入して、継母である私との関係がぎくしゃくし始めて……。将来のことなど落ち着いて考える余裕なんてありませんでした。

何となく「いつか2人でお店を持てればいいね」と話し合う

子どもたちが高校を卒業して、ひと息つけた頃だったでしょうか。夫に「私は美味しいものを食べることが大好きだし、いつか一緒に街の洋食屋さんとかやれたらいいね」って話したんですよ。夫も「そうだな……」と。2人とも心のどこかでずっと、すれ違い生活を解消したいと思っていたのかもしれません。

それから数年経った2000年のこと、父方の叔母がガンにかかり、身内は私と妹だけだったので、頻繁に会いに行っていたんです。ある時、叔母がふと「由美ちゃん、何かやりたいことないの?」と。そこで私は「夫と、いつか自分たちの店を持ちたいねって話してるの」と伝えたんですよ。すると叔母は、「少しだけど、お金出してあげるからやってみたら?」。遺産の先渡しのつもりだったんでしょうね。その話を夫にすると、「流行りのイタリアンをやってみたい」と即答でした。そして、叔母からもらったお金と、足りない分は金融機関から借りて、横浜のニュータウンの駅近くに店を出したんです。いろんな街を見て回って、これから新しい住人が増えていきそうな街だと予想した結果です。その際、家を近くに購入し、引っ越しました。

私も会社を辞めて手伝おうかとも考えたのですが……40歳の当時、勤務先のメンバー育成がけっこう大事な時期でその立場自体も面白かったので、会社勤務は継続することに。店はアルバイトを雇えばなんとかなると思いましたし、実際、娘が手伝ってくれることになってひと安心しました。彼女も結婚して女性が仕事と家庭を両立させることの大変さを知ったせいか、私との関係は良くなっていたんです。

しかし、ニュータウンでの飲食店経営は、うまくは運びませんでした。頑張ってマイホームを構えた共働きの若い夫婦が多いため、子育て以外への出費には厳しく、地元での外食にお金を落としてくれないんです。数少ない固定客に支えられ、4年ほど踏ん張りました。でも、店の赤字を私の稼ぎで穴埋めすることが増え、「これ以上はさすがにもう無理」だと。結果、その店は閉店となり、夫は金融機関からの借り入れを返済するため、また〝雇われ料理人〟に戻りました。

〝雇われの身〟にほとほと疲れ、夫婦でラーメン店の開業を決意

その頃、私の勤務先のシステム開発会社が他社と合併。私の主務は、パソコンのアプリケーションソフトや企業が導入した個別システムのインストラクター業務に変わりました。この人に何かを教えるという仕事が思った以上に楽しく、新しいやりがいを発見。でも、その10年後、さらに他社との合併が実行され、私の仕事は、経理事務の代行業務に……。長年、システム開発に携わ

り、教育の仕事がやっと板についてきたところで、です。与えられた業務に一所懸命打ち込んでも、会社の都合でサッと取り上げられる。空しさのようなものを感じながら仕事を続けていた時、早期退職の打診が。それが決定打でした。

早期退職に応募し、会社が用意した転職サービスを使って、次の勤務先を探すことにしました。55歳になっていたこの時もまだ、私はシステム開発関連の仕事を続けたいと考えていて、夫と話した夢の話は思い浮かばなかったんですよ。一度失敗していましたしね。結果、いくつか紹介された会社の面接を受け、数社から内定をもらいました。

そのうちの1社の社長から「ぜひ当社へ。期待しています」と言ってもらえた時、その気になりました。けれども、ふと「これでいいの?」と——本当に、ふと、です。〝雇われの身〟を続けることに、限界を感じていたのかもしれません。そしてその時になってやっと、2人で店をやる夢が、頭の隅っこのほうから出てきたんです。自分の店なら、体が動かなくなるまでずっと好きなようにやれる。今が人生を変えられる大きなチャンスかもしれないと直感したんですよ。

夫にその思いを話すと、開口一番「大変だぞ。飲食店の経営は甘くないぞ」と。でも、彼が経営に失敗した一つの要因は、経理がどんぶり勘定だったことがあります。そこを私がしっかり管理して、夫はフライパンを振ることに集中してもらえばうまくいくはずだと思えました。そんなに簡単なものじゃないなって、すぐに痛感するんですけどね(笑)。

夫婦喧嘩も増えたが会話も増えた。今後も一緒に夢を追いかけていく

最初は、洋食屋さんをやりたいと思ったのですが、調べると厨房だけで1000万円以上の資金が必要なことがわかりました。見栄えを考えれば、食器も安くありません。悩んでいても何も始まらないと、飲食業の開業セミナーイベントに参加して、いろいろ相談してみることに。そこで専門家の方から「無理せずやれる業態で始めて、資金を貯めてステップアップすればいい」との教えが。確かに！と、その話に納得し、いろいろ調べて浮上したのが、メニューが少なくて済むラーメン店です。ラーメン店なら、居抜きで500万円もあれば開業までもっていける。しかも、物件の評価から、スープや麺などの食材の手配、さらには資金計画や借入支援まで、まさに〝おんぶに抱っこ〟のラーメン店専門開業支援会社まである。「自分たちで全部やんなくても出来んじゃん！」って（笑）。夫は当初「ラーメン屋かよ……」と渋っていましたが、「そこを成功させて、洋食店開業すればいいじゃない」と説得したら、最後は納得してくれました。

開業は、2014年12月。「洋食屋のコックが作ったラーメン」をPRしたチラシをポスティングすると、オープン当初は店前に行列ができました。メニューで工夫したのは、とんこつダシと鶏ダシの2種類の味を用意したこと。彼氏はこってりとんこつ、彼女はあっさり鶏ダシ、です。お客さまの年齢層はかなり上目ですけど、その狙いは当たりましたよ。開業からもうすぐ4年。経

営は簡単ではないですが、何とか生活できるだけの利益は上げられています。

夫婦で店を始めてからの変化は、何といってもそれまでのすれ違い生活が180度変わったこと。もう、朝から晩まで顔を突き合わせていますからね。以前はいいところしか見えてなかったのが、一緒に働いてみたら、カチンとすることが増えました。私は自分がやりたいようにやらないと気が済まないほうなので、店の営業中であってもバチバチッ！と。お客さまの苦笑いで、お互い我に返ることもしばしばです（笑）。夫に言わせると、私が飲食店の効率的な運営をまだ理解し切れていないところが不満のようですが、それにしても言い方にリスペクトがなさすぎる。一般の会社でそんなコミュニケーションはあり得ませんから。

でも、夫はわがままな私を我慢してくれていると思います。彼じゃなかったら、2回目の結婚生活もここまで続かなかったかも、なんて（笑）。なので、自宅では、お互いの時間を尊重し合うようにしています。休日は2人の好きな料理をつくったり、一緒に外食に出かけることも増えました。結局は、昔より仲良くなったかな。

夫は、「ラーメンは、パスタより奥が深い」と考えているようで、このままラーメン店を続ける気でいるようです。でも、私としては、やっぱり街の洋食屋さんをいつかやってみたい。そのために、体力とお金を蓄えることを第一目標として、これからも2人で頑張り続けます！

Personal Data

▶住まい・家族構成
夫と２人暮らし。独立済みの子ども２人(39、38 歳)と、孫1人（16 歳）がいる。子どもたちは、月に１回程度店に顔を出してくれている

▶ライフシフト前後の変化
【時間の使い方】 会社勤務時代は、朝８時に家を出て 21 時頃帰宅する日々。開業以降は、9 時半に店に出て 0 時に帰宅。肉体的にはきつくなったが、すべて自己責任でやっているので精神的には楽になった
【収入】 世帯収入は半減したが、夫婦２人での生活は十分できている。売り上げが少ないときもなるようにしかならないと思えるように
【仕事のやりがい】 日々、本当にいろいろなお客さまが来店するところに面白さを感じている
【人間関係】 当たり前ではあるが、夫婦間の会話が驚くほど増えた！「今日、疲れた顔してるけど大丈夫？」と声をかけるなど、常連客との会話も楽しみの一つ

▶座右の銘
元上司がよく言っていた「仕事は楽しく元気よく」

▶これからチャレンジしたいこと
以前やっていたボルダリングに本気で挑戦したい

こばやし・ゆみ
1959 年、東京都生まれ。高校卒業後、玩具輸入製造会社に就職し、商品開発に従事。約1年後に退社。24 歳で結婚後、パート先で社内の OA 化が始まり、SE に関心を持つ。その後、システム開発会社にプログラマー見習いとして入社。29 歳の時に前夫と離婚。横浜に拠点を移し、同地のシステム開発会社に SE として転職。現在の夫（料理人）と出会い、32 歳で再婚する。55 歳までシステム開発会社に勤続し、早期退職に応募。2014 年、夫と２人でラーメン店「麺屋小林」（横浜市）を開業。

小林さんのライフシフトのポイント

◆雇われの身に限界を感じた。その違和感を見過ごさない

仕事にやりがいを感じていたが、会社の合併を機に違う仕事に。そんな時に早期退職制度ができ、違和感に蓋をせず応募した。転職活動で１社から入社を請われるも、雇われ続けることへの限界を感じ、夫婦で店を経営する夢へのライフシフトを決めた。

◆セミナーで学び、初めの一歩を小さく始める

当初は洋食店を開きたかったが、開業費用が高額となることが判明。悩んでいても始まらないと、開業セミナーに参加する。そこでのアドバイスで、まずはラーメン店を開業することに。ここで資金を蓄え、いつの日か夫婦で洋食店を開業する夢を追っている。

◆お互いの時間を尊重する

すれ違い生活から、一転して四六時中一緒にいる生活へ。お互いに言葉がきついこともあり、相手の言動にカチンときてぶつかることが増えた。そこで、家にいる時はお互いの時間を尊重するように。一方、一緒に外食に出かけることも増え、夫婦仲は良い方向に保っている。

家族とともに

理想を追求するには、深い絆で結ばれている家族の支えが不可欠だった

55歳で選んだ道は、家族全員の趣味が活かせる乗馬クラブの起業

ケース2

長谷川一誠さん（73歳）

有限会社長谷川ライディングファーム 取締役会長

乗馬クラブ「長谷川ライディングファーム」をオープンしたのは2001年。当時、55歳だった長谷川一誠さんは、家族全員で続けてきた趣味の乗馬を〝事業〟に変え、そして〝夢〟に変え、新たな道に踏み出した。目指したのは「安心・安全で誰もが楽しく上達できる乗馬クラブ」。採算を度外視しても理想を追求する長谷川さんを支えてきたのは、家族の理解と献身的な協力だ。絆がつくり出したこの乗馬クラブには、今日も多くの会員が集い、穏やかな時間が流れている。

平成不況の煽りを受けて日本中の景気が悪くなったのは、私が50代半ばにさしかかった頃です。勤めていた三菱製紙でも初めて管理職の給与カットが行われ、当時、部長職にあった私は1割カット。でも、生活に困るほどではないので、それ自体は大した問題ではありませんでした。一番問題だと思ったのは、5年、10年先を見据えた事業や商品開発に対する投資が縮小されたこと。ずっと〝開発畑〟を歩いてきた私にとっては、窮屈な場になったわけです。景気が悪いと真っ先に開発費が削られるのは定石ですが、従前のような予算が取れなくなり、開発提案に対しても「今は……」とブレーキがかかるようになると、やる気が削がれてしまった。

そんな頃、会社に導入されたのが管理職を対象にした早期退職制度です。退職前の1年間は出社せずとも8割の給料とボーナスが保証され、その間に「次を考える」という、いわば独立支援のようなもの。この時、私は54歳。このまま定年まで過ごすか、気力も体力もあるうちに新しい道に踏み出すか——。自分の性分からすれば前者はなし、迷うことなく手を挙げました。

「1年後には辞める」という話が公になってから、実は、お得意様から「うちに来てくれないか」というお話もいただいたんですよ。それも好条件で。でも、私は三菱製紙が好きだったし、得意先だと何だか会社を裏切るような感じがして、その話は丁重にお断りしました。それに私は、生涯現役を目指す働き方をしたかったから、起業を考えていたのです。

とはいえ営業開発一本だったので、調査・マーケティングは得意でも、資金調達や会社設立の方法、労務管理などには全然通じていません。なので、まずは商工会議所が主催する創業塾に、次いで中小企業大学校の創業支援セミナーにも参加して基本を学びつつ、事業計画の作成に取り組みました。趣味として続けてきた乗馬をビジネスにできないかという思いはあったので、乗馬クラブの経営や馬具の輸入販売を最初は考えていたんですけど、他方では、この頃潮流に乗り始めた介護・福祉関係の事業もいいかもしれない……などと揺れてみたり。

最終的に乗馬クラブに絞ったのは、純粋にやりたいことだったから。きちんとした事業計画を立てるのは、つまりは「何をしたいのか、何を目指すのか」という自分の根っこに向き合う作業なんでしょうね。「生き物相手だから休みはなくなるぞ」と自分に確認しても、やっぱりやりたかったし、この仕事ならば生涯続けられると確信できた。乗馬クラブの経営は、迷ったり考えたりしながら導き出した、自分にとって本当に〝やりがいのある仕事〟だったのです。

家族経営の強みを活かして「理想の乗馬クラブ」を追求

乗馬を始めたのは40歳手前の頃。妻が千葉県にある乗馬クラブの無料体験に応募したのが事の始まりで、いの一番にはまったのが私（笑）。子どもが4人いましてね、幼い頃から一家でスポーツは楽しんできたのですが、家族全員でとなると、年齢に幅があってなかなか足並みが揃わないでしょう。その点、乗馬は子どもが小さくてもできるし、動物や自然と触れ合うことで心身共にリフレッシュできるのがいい。結局、一家してはまったんですよ。

そういう経緯があるので、私が乗馬クラブを始めると言い出した時は家族全員が賛成してくれました。事業のための投資は小さくないですから、妻は不安だろうと思ったのですが、「どの道、馬のいる老後生活になると思っていたし、それが少し早まっただけ」と逞しいもの（笑）。その妻は主に経理を、子どもたちも社会人、大学生といったそれぞれの立場から「できることは何でも手伝うよ」と言ってくれたのは、本当にありがたかったですね。

事業を始める動機として強かったのは、「日本にもっと〝まとも〟な乗馬クラブをつくるべきだ」という思いです。私なりに業界の実態は見てきたつもりですが、その多くは経営効率を求めるあまりに、お客さまやスタッフ、そして馬を大事にしていない。語弊を恐れず言えば、経営者のための経営。そこに問題意識がありました。シンプルだけれど、提供すべきは安心・安全・楽しい乗馬。そして、利用者のレベルに合わせた多様かつ的確なレッスンが用意されている――それが、私が理想としてきた乗馬クラブです。理想を追求すれば、どうしたって非効率な経営になるので、家族の支えは必須でした。

例えば、馬の運用一つにしてもそう。本来臆病な馬が、時に人を蹴ったり暴れたりするのは、酷使されてストレスがたまっているからなんです。だから、普通の乗馬クラブなら日に5、6回は同じ馬を使うところ、うちはマックスでも2回しか使わないとか、エサの与え方や馬房の住環境にも十分な配慮をするとか……要は、いい状態での馬でレッスンを提供するために最大限の努力をすると。当然、時間も手間も、そしてお金もかかってきます。でも、利用者を思えば料金は安くしたい。となると人件費はかけられないでしょう。家族経営は事業計画の段階から考えていたことで、実際、それが強みになりました。何より、私の理想を〝よし〟とし、本気で一緒に走ってくれるのは、やはり家族としての強い絆があるからです。

理念を応援してくれる人々との絆が人生を豊かに

2001年のオープンに際しては、退職金などの自己資金2000万円に加え、日本政策金融公庫から3000万円の融資を受けました。土地は借り受ける、建物類は華美にしない、そして家族経営にするなど、できるだけ費用をかけずに始めるにはどうすればいいか、事業計画で十分に練ったうえでの投資です。

当初は、競争馬などで引退になった馬を安く購入していたので、すぐには使えません。前へ前へと走るよう鍛えられてきた競争馬を乗馬クラブ用にするには、ゆっくり再調教しなければなりませんから、半年くらいは売り上げを見込めない状態でした。維持費ばかりが出ていく苦しい時期でしたが、それでも自分が求めるスタイルは譲らずにやってきました。

少しずつ始めたレッスンも、特に初心者の場合は完全なるマンツーマンで正しい基礎を指導するなど、「こうあるべき」と思うことを貫いてきたつもりです。幸い、長男と三男、あと娘が全乗振（全国乗馬倶楽部振興協会）認定の乗馬指導者資格を持っているので、それがいい看板にもなったようです。確かな指導を受けられるということで徐々に評判が広がり、思っていたより早く、２期目には単年度黒字に転換できました。

馬場や施設を拡充するため、現在の市原市に土地を購入してクラブをリニューアルしたのが２００６年。この時は５０００万円ほどかかったでしょうか。大半は銀行からの融資ですが、実はクラブのメンバーさんとか、会社員時代の友人とか、個人としてお金を貸してくれた方々もいるんです。さらに、私の挑戦を面白がって積極的に宣伝活動をしてくれた地域の方々。私を信じ、理念を応援してくださる人たちがいる、そういう絆のある人生って本当に幸せですよ。

「乗馬を通じて社会貢献する」を理念に、なお夢を追い続ける

もちろん、家族にも感謝しています。20年近く続けてこられたのは、ずっと変わらない強い絆があるからです。経営には波があるから、売り上げが落ちて大変な時などは、息子に「給料待ってくれ」と頼んだこともあります。それでも辞めずに、理想を求める私についてきてくれた。73歳になった今、ようやく借財の完済目途が立ったので、私は会長に退き、経営は三男が担うことになりました。貯蓄は全然ないけれど（笑）、何か大きなものを渡せた充足感のようなものはあり

ますね。

今後は、業界での活動や地域の活性化に本腰を入れていきます。もともと「乗馬を通じて社会貢献する」という理念を掲げてきました。私は55歳で事業を始めたでしょう。このくらいの歳からだと、儲けだけを考えて走れるものじゃないんですよ。社会に貢献できる、お世話になった方々に恩返しができる、そういう要素がないとやりがいを得られないと思うのです。

これまでも、いくつかの取り組みはしてきました。東日本大震災後は、ここ市原市にも避難してきた家族がけっこういらしたので、市役所と相談してイベントを企画したりね。うちでできる引き馬やバーベキューで、一時でも楽しんでもらえればと思って。また、地元の養護学校出身者を積極的に受け入れることもしてきました。なかには動物嫌いな子もいて、頭を抱えたこともあるんですけど、それが、時が経つと馬房で飼養管理ができるようになったりする。

そういう場を通じて実感しているのが、ホースセラピーの効用です。心身の障害や心の病を癒やすホースセラピーは、近年知られるようになりましたが、欧米に比べると日本での普及はまだまだ。勉強を続けてきたテーマでもあり、これを正しく広げていくことは、私が温めてきた夢の一つ。この先もしばらくは、夢を追いかけて走ることになりそうです。日々、馬と自然に鍛えられているせいか、おかげさまで、同世代の友人からは悔しがられるほど元気なので（笑）。

Personal Data

▶**住まい・家族構成**
妻、息子3人、娘1人。千葉県市原市に乗馬クラブを移転した際、自宅も近くに移し職住一体の暮らし

▶**ライフシフト前後の変化**
【時間の使い方】会社員時代もハードな毎日だったが、毎週末は乗馬を楽しみ、体と心を完全リフレッシュ。現在は朝5時半に起床し、空きは入れつつも夜9時半まで仕事。生き物相手で休日はないが、好きな仕事なのでまったく苦にならない
【収入】安定して1000万円以上の年収があったが、起業後は激減。子どもたちには給料を出しているが、夫婦は無給の年金生活。贅沢はできないが不満はない
【仕事のやりがい】やりがいは変わらない。仕事が違っても、自分が考え得る限りの最善を尽くしている
【人間関係】様々なメンバーさんや地域の人々との交流を通じて楽しいお付き合いがどんどん増えている

▶**座右の銘**
一期一会。人生は人のつながりが紡ぐもの

▶**これからチャレンジしたいこと**
ホースセラピーの普及活動。乗馬クラブの近代化、地域の活性化をライフワークにしていきたい

はせがわ・かずしげ
1945年、兵庫県生まれ。大学卒業後、三菱製紙に入社。早くから習得していたコンピュータ技術を活かし、印刷製版システムや不織布の商品開発など一貫して開発畑を歩む。2000年に早期定年退職を決意し、翌年、家族と共に「長谷川ライディングファーム」をオープン。5年後、千葉県市原市に約4500坪の敷地を構えて乗馬クラブをリニューアル、現在も家族で経営にあたっている。2018年7月、取締役会長に就任。

長谷川さんのライフシフトのポイント

◆生涯現役の働き方を目指し、創業支援セミナーで学ぶ

不況で会社が開発にブレーキをかけるようになり、開発職の長谷川さんはやる気を削がれる。そこで、導入された早期退職制度を“独立支援”と捉え、“生涯現役”を考えて起業を思い立った。会社設立には通じていなかったので、創業支援セミナーで学んだ。

◆家族全員が賛成する事業を選ぶ

事業として考えたのは、家族ぐるみで趣味として続けてきた乗馬。いろいろ揺れたが、最終的には「純粋にやりたいこと」の乗馬クラブに絞る。妻と4人の子どもも賛成してくれ、それぞれ手伝ってくれた。人件費をかけずに済み、低価格を実現。家族の絆が強みになった。

◆まともな乗馬クラブでの社会貢献にこだわる

乗馬クラブを始めたのは、「日本にはまともな乗馬クラブが少ない」との問題意識も。経営効率より、顧客やスタッフ、馬を大事にするクラブをつくりたかった。その理想に家族も共鳴。地元の養護学校の卒業生の受け入れやホースセラピーなど、社会貢献も実践している。

まとめ

夢を共有し、力を合わせられる“家族経営”。人生100年時代の起業の一つのかたち

いつか2人で店をやりたいという夢を実現させた小林さん。家族全員の趣味だった乗馬で起業した長谷川さん。生涯現役で働き続けるためには、起業は注目すべき手段ですが、夫婦や家族での起業には、いくつものメリットがあります。まず家族は利害関係の一致した最も信頼できるパートナーであること。また、仕事が共通の話題となり、同じ目標に向かって力を合わせることで、家族の絆も深まります。小林さんのように、夫が調理場、妻が接客や経理とそれぞれ得意なことを役割分担すれば、力は倍加します。長谷川さんの場合も子どもたちの乗馬指導資格が事業を支えました。起業後の生活の満足度は「家族だけの経営」の場合が最も高く、「家族以外だけ」の場合が最も低いというデータもあります。その理由としては、「家族だけの経営」は人件費を抑えられ家計収入面でメリットが大きいこと、仕事をする時間帯を自由に決められることなどが挙げられています（※1）。

リスクとしては、起業後に商売がうまくいかなくなった場合、〝共倒れ〟になりかねないということ。綿密な事業計画を立てることはもちろんですが、一つのリスク回避法は、先に夫婦のどちらかが起業して、パートナーは会社勤めを続ける。事業が軌道に乗ってからパートナーが合流するという方法。小林さんの場合も最初の開業時は夫のみの挑戦。残念ながらうまくいきませんでしたが、小林さんが会社勤めを続けていたことがリスクヘッジとなりました。そしてその失敗の経験が、現在のラーメン店の経営に活きているはずです。人生１００年時代は、夫婦のパートナーシップの在り方も変わります。いずれかがステージを移行する際に、互いの役割を柔軟に調整し、サポートし合うことが求められるのです。いずれにせよ、夫婦・家族での起業は、生涯現役時代の有望な選択肢といえそうです。

※1　日本政策金融公庫総合研究所「2009年度新規開業実態調査」

結論

ライフシフト実践のための4つの法則

22人が変身していくストーリー、いかがでしたか。年齢も50代から80代までと幅広く、50歳までに手掛けてきた仕事も様々。ライフシフトのきっかけも人それぞれです。一人ひとりに、その人らしい物語があります。

そのような多彩な物語ですが、実は、かなり似通ったところがあります。読者のみなさんの中にも、お気づきになった方がいらっしゃると思います。その共通点を整理していくと、ライフシフトの底流に流れる4つの法則が浮かび上がってきました。

第1法則　5つのステージを通る
第2法則　旅の仲間と交わる
第3法則　自分の価値軸に気づく
第4法則　変身資産を活かす

順を追って説明していきましょう。

「うまくいかなそうな人たち」が、なぜ？

この22人のうち20名は、50歳時点で会社に勤めていました。残る二人のひとり、若月さんも49

歳までは会社員。そして、多くの方々が、ひとつの会社に勤め続けています。関連会社に出向した方もいますが、それもひとつの企業グループの中での異動のようなもの。

経営幹部人材をあっせんしているエグゼクティブファームのコンサルタントや人材紹介のキャリアカウンセラーは、このように、ひとつの会社に長く勤めている人たちの大半は「なかなか転職できない」「転職しても、うまくいかない」と口々に言います。大企業に勤めていた人、会社の中で順調に出世していたような人は、よりその公算が高い、とも指摘します。

会社からの辞令に従うかたちでキャリアを積み重ねている人は、実は、自分の意志で人生の選択をしていない。そして、一つの会社の中でその会社の仕事の仕方、意思決定の仕方を身につけ、それが知らず知らずのうちにその人の中で、仕事をするうえでの常識になってしまう。そうした経験から、変化にうまく適応できないのだと言います。

ここでご紹介したみなさんの大半は、そのように「変化にうまく適応できない」人たちと同じようなキャリアを重ねています。でも、みなさんが自らの価値軸に気づき、仕事を楽しみ、ワクワク生きている「素敵な変身」を遂げています。何が要因なのでしょう？

やりたいことをやっていた人と、会社にやることを決められていた人とでは違う、という意見もよく耳にします。自分で自分がする仕事を選んでいた人は、その後の人生の選択においても、うまくいくという考え方です。

今回の例でいえば、若月さんはその典型。自ら起案して飲食事業を立ち上げています。手塚さんも、会社にいてはやりたいことができない、と、独立して自分の会社を始めています。

しかし、その他の人々は決してそうではありません。会社での仕事をそれなりに楽しんでいた人はもちろんいらっしゃいますが、会社の意向に従って仕事をしていた人たちばかりです。多くの日本の会社員と、実はほとんど違いのない経歴の方々ばかりです。

また、ライフシフトしていくプロセスも順風満帆ではありません。挫折や失意があったり、試行錯誤の日々が続いたりしています。サクセスストーリーとは縁遠いものばかりです。

全員に共通する「5つのステージ」

ですが、その順風満帆ではないプロセスには、大きな共通点がありました。みなさんが、

- ◎心が騒ぐ
- ◎旅に出る
- ◎自分と出会う
- ◎学びつくす
- ◎主人公になる

という5つのステージを経験しているのです。人によっては順番が違うこともありますが、今回ご登場いただいたみなさんには、ほぼあてはまるのです。それぞれ、どのようなステージなのでしょうか。どんなことをしていたのでしょうか。順を追って説明していきましょう。

◎心が騒ぐ

キャリアに、仕事に行き詰まりを感じて……

50歳を前にして、あるいは定年が目前に迫るなかで、「このままでいいのか？」という違和感や焦りを抱いていた方がたくさんいました。キャリアの危機、まさに、「50歳は人生の正午」です。

農業を始めた続橋さんは、「定年まであと10年……このまま過ごしていていいのだろうか」と、アラフィフ病にかかってしまっていたご自身のことを語ってくれました。会社が目指す方向に今後も沿っていくことに強い違和感を抱き始めていたのです。

夫と2人でラーメン店を始めた小林さんは、早期退職に応募し、転職活動をし、ある会社にお世話になろうとその気になったその時に、ふと「これでいいの？」という想いに駆られました。

独立して快適な都会生活を手に入れ、自分の夢が叶ったと思っていた手塚さんは、50歳を前に、

「何のために生きているのだろうか」「マンションのローンの支払いや老後資金を蓄えるためだけに、やらざるを得ない仕事を必死でこなしている。これって、残り少ない大切な時間の無駄遣いなのではないか」と、焦りに駆られます。

仕事に限界を感じる人たちもいらっしゃいました。

乗馬クラブを始めた長谷川さんは、長く開発畑の仕事を担当していましたが、事業や商品開発に対する投資が縮小、開発案件にもブレーキがかかり、やる気が削がれてしまっていました。

介護の仕事に就かれた伊藤さんは、「もう会社に来なくていい」とまで言われ、仕事への誇り、技術力が高められる環境を失い、情熱が途切れてしまいました。

エンジニアから研修講師に転身した池田さんは、会社のリストラに伴う突然の役職定年の通達にまったく納得できず、やる気を失っていたと言います。

アジアで学校をつくり続けている谷川さんのケースは、かなり複雑です。妻の看病をするために海外赴任の打診を辞退。それは出世コースからドロップアウトすることを意味しました。そして妻の死。「出世を捨てて必死に看病した挙げ句がこれか」と失意のどん底に陥ってしまいました。

その出来事は、突然やってくる

仕事とは関係なく、突然やってくる出来事が、大きな気持ちの揺れをもたらすこともあります。

地元の復興に転身した山崎さんは、大槌の被災に矢も盾もたまらず地元に帰り、泣きながら国道45号を走っていました。続橋さん、真田さんも、東日本大震災に強く心を突き動かされています。日本の多くの人たちの心を強く揺さぶった出来事であったことをあらためて感じます。

「さくら造り」帯を開発した鈴木さんは、脳梗塞を患い、大好きな着物が着られなくなってしまったことに大きなショックを受けてしまいます。

そして、妻の故郷・鹿児島に「帰郷」した大浜さんは、子どもの元気がなくなっていくことに、いてもたってもいられなくなってしまいます。

「心が騒ぐ」のは、誰しもあることだと思います。しかし、多くの人は、その心の動きを、自分の中で言い訳をつくって、やり過ごそうとします。「そうはいっても、この仕事を続けるしかない」「自分としては不本意だが、仕方ない」「これぐらいのことは、我慢するしかないだろう」「この程度のことは、気にしないでおこう」というように、です。

しかし、この22人は、心のざわつきを、自分の中でしっかりと受けとめています。違和感、不全感、未達成感、動揺、危惧、焦燥……そうした心の動きから逃げずに、受け入れています。そして、それが、次なる行動を生み出す原動力となるのです。

◎旅に出る

ゴールは見えないけど、「まずやってみる」

「旅に出る」といっても、文字どおり今いるところを離れてどこかに行くことを指しているのではありません。何か、今までと違うことを始めたり、今までと違う状態になったりすることです。そして、旅の目的は、往々にして明確には決まっていません。

デジタルクリエイターの若宮さんは、銀行を定年退職した時、当時40万円もするパソコン一式を、あまり深く考えずに即購入しています。アジアで技術指導に当たる中田さんは、日本語教師養成講座終了直後に、いきなりアルゼンチンへ、文字通りの旅に出ました。若宮さんの座右の銘は「まずやってみる」、中田さんは「やってみてから考えよう」。フットワークの軽さは共通しています。

手塚さんは、違和感を持ったらすぐに会社や仕事を辞めています。思い立ったら、新潟との二重生活をすぐに始めています。手塚さん同様に、深く考えずに会社を辞めた方もいます。続橋さんは、「組織はもういいや」と見切りをつけ、まず辞めて、そして何をするかを考え始めています。

フットボールクラブに転身した清水さんも、リストラ担当だったご自身が「自分も退職します」

と突然告げて、社長を慌てさせています。

あてどもないモラトリアムの旅

すぐに行動に出るという旅立ちとは別に、あてどもない旅に出るという方もいます。

大学のキャリアカウンセラーになった山際さんは、金融機関を退職してからの1年間は、ボランティアのＮＰＯに参加する等、次を模索するためのモラトリアムの時間を過ごしています。

地元・笠間でＮＰＯを立ち上げた塙さんは、仕事を辞めてからは旅行とゴルフ三昧の日々。遊び中心の生活をしているうちに、少しずつ心境が変わってきました。「私のように仕事ばかりの人生を送った人間は、きっと心に余裕がないんでしょう。でも十分に遊ぶと心が満たされて、次にやるべきことが見えてくる」という言葉には説得力があります。

池田さんは、突然の役職定年により時間がたっぷりできてしまいました。これからどうしようと考えても、何も頭に浮かばない。そんななかでの社内メンターの打診。しかし、来るものは拒まずの基本精神で、まずはやってみようと受け入れます。

旅立ちのしかた、旅の中身はいろいろですが、とにかく一歩踏み出す、そして、先が見えない状況をきちんと自分で受け入れているのが共通点です。そして、その行動やモラトリアムの状態が、次なる進路を見つける機会をもたらすのです。

◎自分と出会う

価値軸に気づく核心のステージ

いよいよ、ライフシフトの核心部分。自分はどのようにあればいいのか、どんなことをすればいいのかという自身の価値軸に気づくプロセス、それが「自分と出会う」です。

アジアで日本語学校をつくりたかった中田さんは、旅に出る中で、ミャンマー人の社長から打診を受けることで「自分の価値は、やはり技術力なのだ」ということに気づきます。やりたかったこととは違うのですが、その気づきを大切に方針転換していきます。

小林さんは、転職を決めようとしていたさなかに、夫と「いつか一緒に街の洋食屋さんでもやりたいね」と夢見ていたことを思い出しました。

「キャリアの棚卸し」が、その起点となっている人もいます。

商社時代のビジネスを起点に起業した三浦さんは、ビジネススクールに通っているときのキャリアの棚卸しで、海外赴任で培った有益な情報やノウハウを多くの人に伝えたい、と考えていたことを思い出しました。

山際さんは、銀行の人事部在籍中に採用業務を担当していた時の学生との対峙が、これまでの仕事の中で最も楽しく、心からやりがいを感じる仕事であったと気づきます。

清水さんは、転職斡旋会社のキャリアカウンセラーとの対話のなかで、一番楽しかった大仕事を思い出しました。「若いメンバーもワイワイやってくれた。普段は文句ばかり言ってる奴らが、目をギラギラさせてね（笑）」と語る清水さんだから、キャリアカウンセラーはそういう経験、想いがまたできる場所として、フットボールクラブを紹介したのでしょう。

では、「自分と出会う」とは、やりたいことに気づけばいいのでしょうか。もちろん、何がやりたいかに気づくことは大切です。しかし、単にやりたいと思うことだけでは、自分に出会ったことにはなりません。自分自身の強い想いや信念、問題意識と出会うことが大切です。なぜそれをしたいのか、という理由や動機に気づくことが大切なのです。

山﨑さんは、「大槌に戻って、復興の手伝いをしたい」と町役場に問い合わせた時に、「数年すれば復興住宅ができる。それまで待ってほしい」と対応されました。ことは急を要しているのに、と怒りが込み上げて来たそうです。「怒り」とは、強い当事者意識の表れ。深く大槌を想う気持ちを、山﨑さんは強く自覚したことでしょう。

趣味として続けてきた乗馬をビジネスにしようと決めた長谷川さんは、純粋にやりたいことだったから、と語っています。ですが、それを後押ししているのは、日本にもっとまともな乗馬クラブをつくるべきだ、という強い問題意識です。乗馬に関わりたいというオーナーシップは、やりたいという表面的な気持ちだけでは形成されません。

答えは、自分の中にある

子どもの頃の原体験と出会う人もいます。大浜さんは、鹿児島の地に転じ、タイ料理店を出店することを思いつきます。その原点は、子どもの頃の料理体験。「母が働いていたので自分の食事は自分でよくつくっていました。子どもの頃から料理に興味があったのです」という原体験が、大浜さんのライフシフトの起点になっています。

ことを起こし、実際にやってみて、そのうえで「自分と出会う」こともあります。

真田さんは、ビール好きが高じてパブを開店しますが、コミュニケーションを求めてくるお客さまとビールを飲んで語り合う時間が至福の時になっています。常連さんたちとはバーベキューをするような仲に。真田さんが心の奥で求めていたのは、このような人間関係なのだと思います。

「さくら造り」帯を開発した鈴木さんは、「この活動を始めてみて、私は人に使われるよりも自分で自分をプロデュースするのが好きだし、向いていることがわかりました」と語っています。

自身がどのような志向や特性を持っているのかは、実はわかっていないもの。それは、多くの人が会社の意向や指示を受けて働くという限られた経験しかしていないからでもあります。自身の価値軸を見出して、自分がやりたいことを自分で決めて自分で実行すると、それまでは表に出ていなかった「眠っている自分」が引き出されるのです。

「自分と出会う」ステージで、もう一つ大切なポイントがあります。それは、すべての人が「自分の中にあるモノ」と出合っていることです。過去の仕事経験、子どもの頃の体験、趣味や嗜好、故郷などなど。50年にわたって生きてきた人の心の中には、自身の価値軸がすでにあるのです。自身の経験や想いと関係ないことを、無理やりやろうとしてはいけないのです。

犬の散歩代行という素敵なビジネスを立ち上げた古田さんは、最初の起業で大失敗しました。「最初に選んだ保険の仕事は、心からやりたいことではなかった。商売になりそうだ、儲かりそうだと思っただけ」と語っています。そして、子どもの頃から好きだった犬が、古田さんの価値軸となるのです。化粧品ビジネスから犬の散歩屋さんへと大転身した古田さんですが、その価値軸は、もともとご自身の中にあったものなのです。

◎学びつくす

「学び」のオンパレード

自分と出会い、どうありたいか、何をなしたいかがわかってくると、それを形にする、実行するためには、自分の知識・スキルを高める必要があることに気づきます。学ぶしかありません。この22人のみなさん、本当によく学んでいます。学んで学んで学びつくしています。

電機メーカーの営業畑から福祉美容事業のオーナーへと転じた藤田さんはその代表格。美容師となろうと決めると在職中から美容学校の通信科に学び、ホームヘルパー資格も取得。退職後は美容室で修業し、ロンドンのヴィダル・サスーンに留学。帰国後に満を持して開業を果たします。

古田さんも、凄まじい。犬の散歩屋さんを始めてから15年間、大学に通って人間と動物のことに関する授業を全部受けたと言います。他人の犬を預かる以上は、犬について知り抜こうとするならわかりますが、動物、人間と学びの視界はとんでもなく広くなっています。

三浦さんは、起業に向けて仕事で使えるレベルのイタリア語を身につけ、起業後にはビジネススクールに通い、さらに次のシフトに向けて通訳案内士の国家資格も取得しています。

続橋さんも、農業での起業を目指そうと決めたのちはフェアやセミナーに通い、体験農園で実際の農作業を経験し、東京都農業会議の1年間の研修でさらに深く学んでいます。

このように、大学やスクール、資格、講座や研修など、主催者が体系的な学びを整備し、オープンな機会を提供している「学び」を活用している人は実にたくさんいます。

日本には、「学び」の良質なコンテンツがないから、人は学ばないのだ、という定説がありますが、それはきっと、学んでいない人が考える言い訳にすぎません。自分と出会い、自身の価値軸を見つけた人には、学びたいことがたくさん見つかるのです。

「ありたいこと」「やりたいこと」が、学びの原動力

ですが、大学やスクール、資格といった制度的に定められた「学び」だけが、学びなのではありません。もっと実践的に学んでいる人ももちろんいます。その典型は、スクールなどに通わずにアプリの開発まで成し遂げた若宮さんでしょう。

若宮さんは、マニュアルなどに沿って全体を体系的に学ぶのではなく、その時々に必要なこと、関心のあることだけを勉強するというスタイルです。そして、独力でやりつつも、何か困ったことがあれば「大騒ぎして、ＩＴ関係の友人たちに助けてもらっています」。若宮さんの周りには、たくさんの同志がいて、若宮さんに知識を授けてくれるのです。その同志の一人が、若宮さんに「プログラミングやパソコンの操作に長けているより、大事なのは、つくりたいものやアイデアがあるがどうかだ」と語ったとのこと。若宮さんは、まさにそれを実践しています。

学びは、何かを成し遂げるための手段。だから、その何か、つまり、自身の価値軸が明確に定まれば、そして、それを本気で成し遂げようと思えば、人は学ぶのです。学びつくすのです。問題は、何を学ぶか、なぜ学ぶかに気づくことなのです。

しかし、ここに登場している人たちの学び方を見ると、それが単なる手段なのか、と首をひね

りたくなります。学ぶこと自体を楽しんでいるかのようです。受験勉強みたいに、とにかくいい点数を取るためにつらい思いをしながら勉強している、というのとは大きく違います。

伊藤さんは「歳をとっても新しい知識や経験をぐんぐん吸収できることが楽しいですね。結局私は『学び好き』なのでしょう」と語っていますが、「学び好き」は、22人全員に共通しているように思います。いや、もっと言うと、この本を読んでいる人はもちろんのこと、多くの日本人には、その素養があるのではないかと思います。

学びとは、試行錯誤しながら、何かを形にしていくプロセスでは必ず必要になってくるもの。日本人は、創意工夫や改善にとても長けています。つまり、もともと「学び好き」なのです。

◎主人公になる

それまでの仕事で培ったものは全部活かせる

心が騒ぐ。旅に出る。自分と出会う。学びつくす。4つのステージを経て、いよいよライフシフトの最終ステージです。新しい人生、新しい仕事を軌道に乗せるために、いろんなことを形にしていくことが求められます。自分の人生の主人公になって、自分の仕事、自分の人生をマネジメントしていくことが求められます。

マネジメントと聞くと、管理することを思い浮かべがちですが、マネジメントという言葉の意味はそうではありません。何とかする、という意味です。限られたお金や時間、人材を何とかやりくりしながら、目的の実現に向けて、何かを成していくことです。

学びつくしたことは、もちろん役に立ちます。しかし、学んだことだけでは、新たな仕事や事業はうまくいきません。専門的な知識やスキルだけでは、ことは前に動かないのです。ですが、22人のみなさんは、見事になんとかしています。それまでの豊かな仕事経験、人生経験があるからです。すべての方が、それまでの仕事で培ったものは全部活かせる、と言っています。

京都の地で生き生きとしている若月さんは、それまでの様々な仕事を通して経験してきたことや培ったスキル、そして養った感覚を京都に集約させていると語っています。

山崎さんは、前例がないために行政がうまく対応できない調整業務を「複雑な利害関係者が絡み合う営業の修羅場を潜り抜けてきた自分にはわけもないこと」と言い切っています。

古田さんは、人の教育も契約書づくりも、化粧品のビジネスを犬の散歩に置き換えただけだと語っています。

ライフシフトに欠かせないアンラーニング

しかし、苦労された経験を持つ方もいます。

塙さんは、会社に勤めている時と同じようにトップダウンでやったら、メンバーから総スカンを食らってしまったと語っています。そして、いろんな考えを持った人がいろんな形で関わっているNPOでは、合理的な最短距離をトップが決めて通達するのではなく、遠回りしてもみんなと協議して合意することが大切なのだ、ということに気づいていきます。

同じことを、谷川さんも経験されたのでしょう。「長年の会社員生活で自分と一体化してしまった鎧兜は脱ぎ捨てなければいけない。得たスキルや得意なことは活かすべきだけれど、過去の業績や立場にしがみついていては新しい挑戦はできません」と語っています。

過去の成功体験がすべて有効なのではありません。ある成功体験が、新たなことを始めようとしたときに邪魔することもよくあるのです。これまで学んできたやり方、身につけてきたものの考え方を捨てることも重要なこと。アンラーニングは、ライフシフトに、主人公になるために欠かせないものです。

特に、塙さん、谷川さんが指摘している組織上の地位を利した上意下達の意思決定スタイルを、新たなところで使おうとすると、ほぼ間違いなく失敗します。

上司が言ったことを部下が実行する。日本企業においては、当たり前と考えられていることですが、社会の当たり前ではありません。自分の想いや信念を大切にして活動している人が集まっているＮＰＯ組織であれば、上が言ったことを下が実行する、というトップダウンスタイルはうまくいきません。それはＮＰＯに限りません。新しい組織を立ち上げる時も、地域の人たちと何かをする時も同じです。そこに集まった人たちの想いや信念を共有し、そのうえで、みんなが同じゴールを意識し、主体的に行動するように、しなくてはなりません。

仕事だけではなく、人生全体の「主人公になる」

「主人公になる」のは、仕事だけではありません。人生全体の「主人公になる」ことも大切です。自身の志や信念に基づく仕事に気持ちも時間も全力投球、という人もいますが、仕事に追われる人生をこれ以上続けたくない、自分の人生をもっと豊かなものにしたい、という人もたくさんいます。

ご自身の仕事に強い使命感を持っている鈴木さんですが、一方では、「無理はしない」「家族と過ごす時間、着物以外の俳句や歌舞伎鑑賞といった楽しみも犠牲にしたくない」と語っています。

人は、生きていくうえでたくさんの社会的な役割を担っています。「働く」「学ぶ」「地域・社会の一員として役割を果たす」「趣味・芸術・スポーツに打ち込む」「家族の一員として役割を果たす」などが、主なものでしょう。

仕事ばかりに入れ込んだ人よりも、多様な役割を意識し、バランス良く活動している人の方が、自身のキャリア展望は明るいと捉えているものです。仕事だけではなく、自分の人生すべてでいかに楽しく豊かな時間を過ごすかを考えることは、とても大切です。

だからでしょう。今回の22名のうち、今も会社に雇用されてフルタイムで働いている人は3人しかいません。それ以外の人は、個人で働いていたり、企業や組織の代表者という、自身の時間を自身の意のままに使える働き方に転じています。

派遣という働き方を選んだ方もいます。海外進出の支援という仕事を使命と感じつつも、絵画研究というライフワークを持っている秋本さんは、派遣という働き方を選択。業務内容や労働時間が明確に決まっているうえに、前職でのマネジメント業務からも解放され、仕事、絵画研究、そして妻や娘とゆっくり過ごす時間すべてをきちんと確保しています。山際さんは、キャリアカウンセラーとして大学に派遣されています。働くのは週3日。ワークライフバランスも大切にしたい山際さんには、格好の働き方でした。

22人が変身していく物語から見えてきたライフシフトの第1法則、それは「心が騒ぐ」「旅に出る」「自分と出会う」「学びつくす」「主人公になる」という5つのステージを、みんなが通っていることです。次ページに、そのポイントを整理してみました。

ライフシフトを実現する5つのステージ

ステージ		結果
◎**心が騒ぐ** ▶ これまでのキャリアへの疑 問ややり残した感 ▶ 今後のキャリアへの違和感 ▶ 仕事での挫折･意欲の減少 ▶ 天災や自身の疾病、親族の死などの出来事による失意	心の動きから逃げずに、受け止める →	**次の行動への原動力**
◎**旅に出る** ▶ 思いついたらすぐに何かをやってみる ▶ 先を考えずに会社を辞める ▶ モラトリアム期間を過ごす	立ち止まらずに前に動き、新たな何かを獲得する →	**次の進路発見の機会をもたらす**
◎**自分と出会う** ▶ 旅の出来事からの気づき ▶ キャリアの棚卸 ▶ 強い想い ▶ 信念を自覚する ▶ 子どもの頃の原体験 ▶ 転機を通しての自己発見	出来事を通して気づく →	**自分の中に、すでに出会うべき自分がいる**
◎**学びつくす** ▶ 大学･スクール、資格、講座などの制度的な学び ▶ 仲間と共に、仲間から学ぶ	何を学ぶかに気づけば、人は学ぶ →	**日本人は、実は学び好きである**
◎**主人公になる** ▶ これまで培ったスキル、ノウハウを生かす ▶ アンラーニングすべきポイントに気づく ▶ 働き方を変え、自分の時間をマネジメントする	過去を活かし、過去を捨てる →	**仕事だけではなく、人生全体の「主人公になる」**

物語に欠かせない「旅の仲間」

22人が変身していく物語から浮かび上がってきた、ライフシフトに欠かせない5つのステージ。ですが、放っておいたら、誰にでもこの5つのステージが現れるのかといえば、もちろんそうではありません。すべてのステージが現れ、変身ストーリーが完成するためには欠かせない存在があります。それは「旅の仲間」です。

物語には、主人公以外の登場人物が必要。そうした登場人物が現れ、主人公に働きかけることで、ストーリーは前に進みます。変身ストーリーの登場人物は、主人公と共に歩き、あるいは支える「旅の仲間」。では、どのような仲間が登場しているのでしょうか。

まずは、「使者」です。主に「自分と出会う」のステージに登場し、主人公が自身の価値軸となる想いや信念、使命に気づく機会を与えてくれる、ストーリーには欠かせない最重要人物です。

若宮さんにその機会をもたらしたのは若きアプリ開発者で友人の小泉さん。若宮さんが、シニア向けのアプリがないことを憂えていると、「じゃあ、若宮さんがつくってみれば？」と水を向けています。このひと言がなければ、若宮さんは自分でアプリをつくろうとは思わなかったでしょう。

小泉さんは、思いつきでそんなことを言ったのでしょうか。そんなことはないはずです。シニア向けのアプリがない、という問題意識を強く持っていた若宮さんだから、そういうことを言おうと思ったのでしょう。若宮さんが、何かをしようと旅に出て、いろんな人たちと出会い、想いを伝えていたから、小泉さんが使者となって若宮さんに使命を託してくれたのです。

谷川さんにとっての使者は、誰かを紹介してほしいと相談に来た後輩です。その相談がなかったら、谷川さんは今の仕事をしていません。そして、その後輩は、谷川さんがその分野に知見があることを知っていたから相談に来たのです。

中田さんの使者は、ミャンマー人の社長。「ミャンマーの技術者不足の支援をしてほしい」というひと言が、中田さんの生きる道を決めました。では、その社長はなぜそのようなことを話したのか。それは、中田さんのソニーでの仕事経験を聞いたから。

そうです。若宮さんも、谷川さんも、中田さんも、自分が何をやってきたか、知っているか、考えているか、というパーソナルな情報を人に伝えていたから、使者が訪れたのです。

キャリアの棚卸しの機会が「自分と出会う」ことにつながるのは、棚卸しのワークを通じて自身のパーソナル情報をどんどんオープンにしているから。だから初めて会ったキャリアカウンセラーが使者になれるのです。こうしたワークの意味を感じずに、自分のことをあまりオープンにしない人がたくさんいるのですが、それでは、使者が訪れる機会を逃してしまいかねません。

物言う「使者」　物言わぬ「使者」

ダイレクトに使命を告げてくれる使者もいますが、そうではなく、その存在によって自分の使命に気づかされる、というタイプの使者もいます。

三浦さんが起業という道を意識するようになったのは、次女が生まれたから。かわいい赤ん坊であった次女を見ながら、「この子が大人になるまで働くとしたら、会社勤めをしていてはダメだな」と自身のキャリアの軌道修正を意識し始めました。

妻の帰郷、義父、義母の相次ぐ死去というショッキングな出来事で心穏やかでなくなっていた大浜さんが鹿児島に飛ぼうと決めたのは、息子の存在です。どんどん元気がなくなっていく息子を見て、家族の一員という役割をもっとしっかり果たすことが自身の使命だと思うに至りました。

谷川さんには、もう一人使者がいます。兄と交わしながら実現していない約束を思い出したのには、妻の死が大きく関わっています。妻は、この世から姿を消す代わりに、谷川さんの使命を果たそうという想いに火をつけたのです。

藤田さんが、福祉美容というこれまでの興味関心でも何でもないテーマに引き込まれたのは、病床の母が「美容室に行きたい」と話していたことが大きな布石になっています。母の肉声があったからこそ、その社会課題に自ら身を投じようと即断できたのだと思います。

こうした物言わぬ使者は、親子やパートナーだけに限らないようです。民泊サービスで高評価を得ている末光さんがこの道に進んだのは、短期間留学生を下宿させたことがきっかけ。彼女の存在が、下宿業に代わる道を照らしたのです。

物言わぬ使者は、「自分と出会う」ステージだけではなく、「心が騒ぐ」ステージ、「旅に出る」ステージにも登場します。使命を告げる使者とともに、物語の展開を決めるキーパーソンです。

「ともだち」と「支援者」が、常に寄り添っている

次に欠かせない「旅の仲間」、それは「ともだち」です。ことを一緒に進めていくメンバーです。会社でいえば、職場の同僚にあたる存在。しかし、変身の物語に登場する人たちには、同僚という言葉は似合いません。「ともだち」なのです。

例えば塙さん。起点となったのはゴルフともだちの三人です。意気投合して笠間のために何ができるかを考え始めるのです。さぞや仲のいい遊びともだちだったのでしょう。

長谷川さんは、家族です。妻も子どももチーム長谷川です。そして、趣味ともだちでもあります。こんな濃密な「ともだち」が集えば、どんどん前へと進むことができます。

若宮さんは、メロウ倶楽部への入会が、「ともだち」との出会いのきっかけです。変わり者の集まりで、みんな個性的。銀行時代には出会えなかったような人たちとの出会いが、若宮さんの視

野をどんどん広げていきました。

会社勤めをしている人も、同僚に「ともだち」意識を持っています。

清水さんは、育成を託された若手を部下のように扱っていません。営業とはこうするものだ、という指導はしていますが、みんなと一緒に「ともだち」になって、クラブチームを盛り上げようとしています。

伊藤さんの職場にも、「ともだち」がたくさんいます。慣れない介護の仕事に加えて、年の差の大きい若手もたくさんいるので、腰が引けてもおかしくありません。しかし、まっすぐな人たちばかりで、こちらも自然と心を開いていったと語っています。

「ともだち」と並ぶ大切な登場人物がいます。それは「支援者」です。

鈴木さんの最大の「支援者」は、ご近所さん。「声をかけたら手伝いに来てくれる人がご近所にいました。そんなご近所付き合いに助けられています」と語っています。

長谷川さんの「支援者」も、地域の方々。長谷川さんの挑戦を面白がって応援してくれています。さらに、会社員時代の友人も、個人で資金援助をしてくれています。

手塚さんには、農業体験を引き受けてくれる地域の農家の方々がいます。

みなさん、さながら私設応援団のよう。会社運営におけるビジネスライクな関係は、そこにはありません。

大浜さんの「支援者」には、商工会や銀行、大学、卸先など、一般企業と変わらない顔ぶれが並びますが、「移住しないと味わえなかったことです」というコメントからは、親身な支援に感激している様子がうかがえます。利害関係でつながっているのではなく、大浜さんのやっていることに共感しているのでしょう。

顧客が「支援者」になっているケースもあります。真田さんのお店に来るお客さんや、長谷川さんのクラブのメンバーは、サービスの利用者という域にとどまらず、応援しているかのようです。

味のある脇役「寄贈者」「師」「預言者」

「寄贈者」という「旅の仲間」もいます。

例えば、大浜さんが、今のビジネスに行き着いたのは、ＳＮＳでの呼びかけに応じてくれたタイ人留学生が「鹿児島の温暖な気候なら、タイ料理の食材を栽培できるのでは」と教えてくれたから。そういう知恵のプレゼントが起業へとつながりました。

古田さんが犬のビジネスを始めたのは、元の会社の部下が犬をプレゼントしてくれたから。その犬を散歩させている中から、事業構想が生まれたのです。また、古田さんが大の犬好きになったのは、父の影響。父が犬好きだったから、古田さんも犬好きに。父からもらった「犬好き」というプレゼントが、50歳からのライフシフトをもたらしました。

大浜さんが食を起点に事業を始めたのは、料理好きだったから。そしてそれは、子どもの頃にお母さんが働きに出ていて、自分で料理をつくることが必要だったから。つまり、お母さんが、料理をつくり、食に興味を持つ機会をプレゼントしてくれたわけです。

人生の「師」との出会いによって、自身の価値軸をつくり上げているケースもあります。鈴木さんが、定年後はボランティア三昧、と自分の人生をデザインしていたのは、ボランティアを教えてくれた日本赤十字社の橋本祐子先生がいたからこそです。

「預言者」という「旅の仲間」も。今後の生き方、働き方を預言してくれる人です。古田さんは、竹村健一さんの話を聞き、「そろそろ年金じゃ食っていけない老後になる。自分の生き方は自分で考えないといけません」というフレーズに心を動かされ、起業独立への道を歩き始めます。

人生のパートナーは、どんな役柄?

人生のパートナーである「妻」あるいは「夫」も、多くのストーリーに登場しています。どのような位置づけの「旅の仲間」なのでしょう。

一つのパターンは、一緒に何かをしていく「ともだち」としての登場です。

小林さんは、「一緒に洋食屋さんでもやりたいね」と、すれ違ってばかりの夫と「ともだち」になりたいと思っていました。

末光さんは、妻の助言をもとに、下宿を、そして民泊サービスを始めました。若月さんは、京都の地で、人生の第二のパートナーと出会い、一緒にお店を立ち上げました。「支援者」としての登場もあります。山崎さんは、地元に戻って復興支援に携わりたい、と妻に申し出て、了解と支援を得て単身赴任で大槌に飛びました。妻が仕事をしているからこそ、そのように「支援者」になれた、と見ることもできます。続橋さん、大浜さん、山際さんはじめ多くの方のライフシフトがうまくいったのは、パートナーが働いていて、世帯収入が安定していたからでもあります。

「使者」になっている例もあります。伊藤さんの次なる仕事を紹介したのは行動的な妻。介護という、それまでとまったく違う仕事を見つけてきて、伊藤さんの人生を大きく変えました。

最も多かったのは「門番」としての登場です。そんなことをしてはダメだ、と、そこから先に行こうとするのを引き止めるのです。多くの男性が、妻からの反対にあいながら、懸命に説得してその門を通り抜けています。その過程では何度も議論があったりするのでしょう。そして、対話を重ねるなかで、主人公は想いをどんどん強くし、「門番」に、先に行くことを認めさせるのです。ですから、当初は「門番」だったけど、のちには「ともだち」や「支援者」になっているというパターンも多くあります。

人生のパートナーは、このように多様な役柄の人物として物語に登場し、大きな役割を演じ、物語に多大なる影響をもたらしています。その関係が良好であるほうが、いい物語になるのは言うまでもありません。

「使者」「ともだち」「支援者」などなど、たくさんの「旅の仲間」が登場する。その仲間に支えられてライフシフトを実現していく、これが、ライフシフトの第2法則です。

50歳までの人脈は使えない？

このように「旅の仲間」を洗い出していくと、50歳までに出会っている会社の同僚が、その後の人生にあまり出てきていません。会社の同僚と起業した続橋さん、元の部下が使者としてやってきた谷川さんなど、何人かのストーリーにはもちろん登場するのですが、全員が会社勤めをしていたことを考えると、その少なさに驚きます。会社時代の人間関係は、今はほとんど残っていない、という方も多くいます。会社の意向や指示を受けて仕事をしていた時の人脈は、活きたものにはならないのかもしれません。

そして、50歳までは出会ったこともなかった人が、本当にたくさん「ともだち」や「支援者」として登場しています。

書籍『ライフシフト』には、変身資産という言葉が出てきます。変化し、成長し続けるための意思と能力と定義されています。そして、その代表的なものとして、「多様性のある人的ネットワーク」が重要だ、と記されています。

人脈が大切だ、というのは、昔から誰もが言うことです。毎日会っているような強い絆で結ばれた人ではなく、ごくたまに会うような人がキャリアチェンジには有効なのだ、という学説もあります。しかし、この22人の変身の物語は、その定説を大きく覆しています。それまでの人脈ではなく新しい人たちとのつながりが、多くの人の変身ストーリーを創り上げています。

ライフシフトのカギとなる10の変身資産

では、変身資産は不要なのでしょうか。そんなことはありません。やはり、変身資産は、人生１００年時代にライフシフトしていくには重要なのです。

書籍『ライフシフト』には、変身資産として、「多様性のある人的ネットワーク」と併せて「新しい経験への開かれた姿勢」が大切であり、そのためには「自分がどういう思考や価値観、行動特性を持っているかを知っていること」が重要だと指摘されています。まさに、これが大切なのです。

例えば、若宮さんの座右の銘「まずやってみる」。この姿勢が、若宮さんのライフシフトの原動力でした。同じように、新しい経験への開かれた姿勢を、中田さんも手塚さんも持っています。

学ぶことが好きなんです、とご自身を語った伊藤さん。新しいことを学ぶことが楽しい、というその姿勢が、まったく異なる分野へのライフシフトを成功に導きました。古田さんも、三浦さんも、藤田さんも、同じように新たな学びへの開かれた姿勢を持っています。

そして、「自分がどういう思考や価値観、行動特性を持っているか」のど真ん中にあるのが、価値軸です。価値軸に気づくということ自身が、変身資産を高めるのです。

この22人のライフシフターは、全員が「心が騒ぐ」「旅に出る」「自分と出会う」「学びつくす」「主人公になる」というステージをクリアしてきました。たくさんの「旅の仲間」と出会い、支えられてきました。それぞれのステージに必要な変身資産を持っていました。ライフシフトしていくなかで、変身資産を活かして価値軸に気づき、さらに変身資産をどんどん身につけていきました。

ライフシフトの第3法則、それは自分の価値軸に気づくこと。そして第4法則は、変身資産を活かすことです。

私たちは、この22人のライフシフター以外にも数多くのライフシフターを知っています。そして、彼らに共通する変身資産は、以下の10項目に集約できると考えています。

- **とにかくやってみること**
- **どんなことからも学んでいること**
- **学んだことを捨てられる勇気を持っていること**

- 違和感を大切にすること
- みんなと同じじゃなくても平気なこと
- ３つ以上のコミュニティに所属していること
- 有意義に公私混同していること
- 自分についてよく知っていること
- 自身の人生時間を自分でマネジメントしていること
- 人生に起きる変化を楽しんでいること

自分の得意技を探し出そう

この10項目は、私たちライフシフト・ジャパンが創業する時に掲げた「ライフシフト10か条」です。ライフシフトの実現のためには、このような姿勢が重要だと考えています。

では、この10項目すべてを、高い水準で意識していなければ、ライフシフトはできないのか。決してそんなことはありません。どれか一つでもいいのです。５つのステージと出会える変身資産を、何か小さなものでもいいから、一つ意識すればいいのです。そしてそのステージをクリアする中で、また新たな変身資産を獲得していけばいいのです。

また、この項目は、人より強いとか弱い、と優劣をつけるものでもありません。あなたの中で、どれか一番得意なものを活かして、ライフシフトの第一歩を踏み出せばいいのです。

いかかでしょうか。ここまでお読みいただいて、ライフシフトするにはどうすればいいのか、何が大切なのか、おわかりいただけたでしょうか。

自分もライフシフトできそう、と感じているでしょうか。難しいように感じるかもしれませんが、そんなことはありません。ライフシフトは、誰にでもできます。この本にご紹介した22人は、とても個性的な方ばかりですが、でも、50歳までは、普通の会社員。

その人たち一人ひとりが、それぞれの持ち味を活かして「心が騒ぐ」「旅に出る」「自分と出会う」「学びつくす」「主人公になる」という5つのステージを駆け抜け、多くの「旅の仲間」から使命や協力、支援などを受け取って、変身資産を活かし、増やしていき、価値軸に気づいて、ライフシフトを成し遂げています。そして、みなさん、とても生き生きとしています。そうです。ライフシフトは楽しいのです。

「人生100年時代」とは、多くの人が長く生きることができる社会です。自らの価値軸を大切にして、自分の意志で人生をデザインできる人にとっては、人生を楽しむ時間が増えるハッピーな社会です。そんな「長寿の恩恵」を、あなたも、享受してみたいと思いませんか？

ライフシフトの法則

第１法則　5つのステージを通る

- 心が騒ぐ
- 学びつくす
- 旅に出る
- 自分と出会う
- 主人公になる

第２法則　旅の仲間と交わる

- 寄贈者
- ともだち
- 預言者
- 使者
- 支援者
- 門番
- 師

第３法則　自分の価値軸に気づく

- 人を育てる
- 故郷に帰る
- 好きを仕事に
- 社会に貢献
- 住みたいところへ
- 手に職つけたい
- 海外とのかけはしに
- 家族とともに

第４法則　変身資産を活かす

- とにかくやってみること
- 有意義に公私混同していること
- どんなことからも学んでいること
- 自分についてよく知っていること
- 学んだことを捨てられる勇気を持っていること
- みんなと同じじゃなくても平気なこと
- 自身の人生時間を自分でマネジメントしていること
- 違和感を大切にすること
- 3つ以上のコミュニティに所属していること
- 人生に起きる変化を楽しんでいること

●著者プロフィール

大野誠一　おおの・せいいち（全体監修）

ライフシフト・ジャパン代表取締役 CEO。リクルートにて『ガテン』『アントレ』を創刊すると共に、『とらばーゆ』『ダ・ヴィンチ』の編集長を歴任後、パナソニック、ローソン HMV エンタテイメントで新規事業開発に取り組む。2017 年 NPO 法人ファザーリングジャパンの安藤哲也と共にライフシフト・ジャパンを設立。ヴァイオリニスト葉加瀬太郎が音楽監督を努めるレーベル『HATS』の取締役社長を兼任。

豊田義博　とよだ・よしひろ（序論、結論執筆）

ライフシフト・ジャパン取締役。リクルート入社後、『就職ジャーナル』『リクルートブック』『Works』編集長を経て、リクルートワークス研究所主幹研究員。2017 年ライフシフト・ジャパン設立に参加、パラレルワーカーに。主な著書に『若手社員が育たない。』『就活エリートの迷走』（以上ちくま新書）、『「上司」不要論。』（東洋経済新報社）などがある。

河野純子　かわの・じゅんこ（本編編集）

ライフシフト・ジャパン執行役員。リクルートにて『とらばーゆ』編集長を務めたのち、住友商事に転身し、新規事業開発に取り組む。2017 年にライフシフトし、海外留学を経て、2018 年より慶応義塾大学大学院政策・メディア研究科に在籍。同時にライフシフト・ジャパンに参加。個人事務所にて事業開発コンサルティング・プロデュース活動を展開する。

●取材協力

株式会社リクルートキャリアコンサルティング
『アントレ』編集部（株式会社リクルート発行）

●スタッフ

本編取材：株式会社ハイキックス（菊池徳行、木原昌子）
高橋光二、内田丘子、佐々木正孝、佐藤裕子、志村江、東雄介
表紙デザイン：難波邦夫
本文デザイン・DTP：難波邦夫、株式会社エッジ・デザインオフィス
校正：円水社
編集協力：株式会社スリーシーズン

●ライフシフト・ジャパン株式会社

2017年10月、設立。「人生100年時代」における個人のライフデザイン設計を支援し、一人ひとりが、自分の人生の主人公としてワクワクと生きることができる社会の創造を目指して、様々なサービスとコンテンツの開発に取り組んでいる。
https://lifeshift-japan.net/

実践! 50歳からのライフシフト術
葛藤・挫折・不安を乗り越えた22人

2018(平成30)年 12月5日 第1刷発行

著者…………大野誠一・豊田義博・河野純子+ライフシフト・ジャパン

発行者………森永公紀
発行所………NHK出版
〒150-8081 東京都渋谷区宇田川町41-1
電話:0570-002-140(編集)
0570-000-321(注文)
ホームページ:http://www.nhk-book.co.jp
振替:00110-1-49701
印刷・製本…図書印刷株式会社

Printed in Japan
ISBN 978-4-14-081758-2 C0030